旗舰战法

安浩 金世俊 刘原 / 著

清华大学出版社

北京

图书在版编目（CIP）数据

旗舰战法 / 安浩，金世俊，刘原著 . -- 北京 : 清华大学出版社 , 2024.5
ISBN 978-7-302-66311-9

I. ①旗⋯ Ⅱ. ①安⋯ ②金⋯ ③刘⋯ Ⅲ. ①企业发展－研究－中国 Ⅳ. ① F279.23

中国国家版本馆 CIP 数据核字 (2024) 第 099965 号

责任编辑：宋冬雪
封面设计：青牛文化
责任校对：王荣静
责任印制：杨 艳

出版发行：清华大学出版社
    网 址：https：//www.tup.com.cn，https：//www.wqxuetang.com
    地 址：北京清华大学学研大厦 A 座 **邮 编：**100084
    社 总 机：010-83470000 **邮 购：**010-62786544
    投稿与读者服务：010-62776969，c-service@tup.tsinghua.edu.cn
    质 量 反 馈：010-62772015，zhiliang@tup.tsinghua.edu.cn
印 装 者：三河市东方印刷有限公司
经 销：全国新华书店
开 本：155mm×230mm **印 张：**15.5 **字 数：**162 千字
版 次：2024 年 7 月第 1 版 **印 次：**2024 年 7 月第 1 次印刷
定 价：69.00 元

产品编号：104418-01

推荐序
旗舰战法，新时代的增长方式

20 世纪 90 年代，迈克尔·哈默等美国学者提出美国正式进入饱和经济时代，也叫客户主权时代。中国大概从 10 年前也步入了饱和经济时代，表面上看是产能过剩，本质上是客户的选择越来越多，企业必须更认真地回答一个问题：客户为什么要选择你？如果在这件事上稍不认真，客户就会离开你，连招呼都不打。

就像乔诺的战略产品线首席专家七剑说过的，当下的中国产品过剩但精品稀缺。所以，国家才提倡供给侧改革，发展新质生产力。而这些倡导背后一切都依赖创新，唯有创新才能满足各种各样的需求。

从这个角度来看，我们需要向美国、欧洲、日本乃至全世界的优秀企业学习。几乎所有跨国公司都成功克服了产品竞争力的难题。无论在哪个赛道，要想成功出海，赢得全世界的青睐，只能依靠具有独特竞争力的产品和服务。几乎所有跨国公司的发展历史都在揭示一个规律——产品是全球市场竞争最重要的武器。华为曾经靠产品质量好、服务好、运作成本低走向了全球，而丰田让全世界都知道了什么是真正的品质。

乔诺鲲鹏私董会的兄台们最近去欧洲的空客、奔驰、宝马、爱马仕等企业参观时发现，奔驰的S级轿车从诞生那一刻起就没有什么明显短板，极佳的乘坐体验是其显著的长板，让人充满购买欲望。同样，宝马的每一代旗舰级轿车也是如此，作为终极驾驶机器，其驾驶体验极为出众，我曾开过多年宝马五系，至今依旧怀念这种无法超越的驾驶体验。甚至德国、日本已经成为全球品质的代表，法国则成为极致美和奢侈的代表。这样的品牌积累，令人羡慕。

中国企业当下十分值得去做的一件事就是创造能够代表中国品质、中国创新的产品梯队。什么代表着世界之最？我们希望在世界人民心中的形象是什么样的？凭什么？马桶盖一定要去日本买吗？国人一定要去法国买包吗？一定要去买国外的香水吗？只能德国、日本的汽车代表高品质吗？中国能不能诞生一批有差异化竞争力、没有明显短板、有极致品质和运作成本保障的产品？

令人欣喜的是，中国已经有很多企业在一些细分赛道走了出来。它们在肥沃的本土市场赢得了竞争，往往也具备了很好的基础走向世界，在过去5年它们都打造出了自己的旗舰产品系列，并取得了显著的商业成功：

TCL的Q系列电视；

特步的160、260、360X碳板高端跑鞋；

雅迪的冠能6系列两轮电动车；

华为手机的Mate系列；

方太的玥影系列；

......

它们几乎都是细分赛道里的最高水准，深受用户欢迎，且都有着行业领先的业绩。旗舰产品的成功不只是该产品有出色的表现，也大幅提升了公司的业绩和品牌形象，在旗舰产品面前，传统强者的垄断地位发生了动摇。有人说现在消费降级，经济快速增长的时期已经成为过去时，但这些企业告诉我们——只要是精品，只要打造出真正的旗舰产品，高增长依然不是一件难事。

那么，我们如何持续打造一流且销量可观的旗舰产品呢？

乔诺联合多位专家深入研究中国企业的特点，同时结合苹果、华为、丰田等各行业卓越企业打造旗舰产品的共同特征，开发了"旗舰产品打造"的训战课程和咨询产品，经过长达 10 年的积累，获得了众多企业的好评，甚至在课程现场实实在在立项了众多伟大的产品，除了 TCL、方太、雅迪、特步等企业的旗舰产品外，还包括：

中艺的智能景观棚；

小熊的 16 分钟智能变压电饭煲；

半亩花田的养白瓶身体乳；

林清轩的油液精华系列；

永艺的 FLOW 360 撑腰椅；

好未来的旗舰学习机；

王力 AI 遥感旗舰智能锁；

TEENIE WEENIE 的学院风大衣；

方太米博的无滚布洗地机；

五个女博士的胶原蛋白肽；

影石创新的全景运动相机；

正浩创新的德 DELTA 2 Max 户外电源；

……

在旗舰战法的指引之下，乔诺的舞台上有越来越多的品牌打造出了所在行业的旗舰产品。这是偶然还是时代的呼唤？在越来越多企业希望拥有自己的旗舰产品，通过最佳产品竞争力穿越周期的当下，我们希望通过《旗舰战法》这本书讲清旗舰产品打造的底层理念和核心方法论，希望能够帮助企业以旗舰产品走向世界。

龙波

乔诺创始人

2024 年 5 月于上海

前言

在商业世界里，品牌和产品是不同企业的竞争单元。然而，很少有企业靠一款产品存活，规模化企业的产品往往"五花八门"，用商业术语说就是：产品系列化或产品组合。

如同一片森林，一种植物断然无法形成广袤的绿色世界，但一定有一种植物是这片绿色世界的代表。同样，在这片绿色世界里，也一定有一种动物被称为森林之王。

商业世界的法则与森林世界的生存法则不完全相同，但提到森林我们会想到森林之王，而谈及一家企业我们会想到其代表产品，这就是企业的灯塔产品。在当下的时代，一家企业的代表产品是什么成为一家优秀企业的头号话题。这并不稀奇，苹果、特斯拉、华为、理想汽车都依赖这种产品战法取得了成功。

当下，营销趋势已然清晰且导向明确，人找货完全转变为货找人，产品需要有主动触达目标人群的功能。一家企业如果无法做出可以主动触达用户的产品就很容易陷入困境。

过去企业通过多品类产品和海量SKU（最小存货单位）构建

优势，现在每一个SKU都要具备自己找到人群的能力，否则就意味着一笔营销费用。而这里提到的SKU问题，也是中国企业过去发展中常见的三个困惑之一。

中国企业发展中的三个困惑

中国大多数企业发展到一定阶段常常存在一些困惑，可以简单归为以下三大类。

1. 企业的规模越来越大，在细分行业市场份额也名列前茅，产品品类越来越多，但每款产品的销量都不大，缺乏大单品。

SKU问题几乎是所有企业都不可避免的。例如，一家化妆品公司，SKU可能有数千个，但其中真正能够贡献营收的不超过3%，大部分的产品都躺在企业或者经销商的仓库里。而躺在仓库里尤其是经销商仓库里的产品，其滞销或降价销售，给消费者带来的品牌感知很差，最终损害的是企业的根本利益。

SKU众多，主要是企业追求粗放式的增长造成的。

为什么SKU越来越多？这里面主要的问题就在于产品的立项过于草率，看到了客户群体，但是未能挖掘客户群体真正有价值的需求，产品开发出来也没有端到端的全流程的管理。结果产品开发出来就躺到了仓库里，SKU很多，想要拿出一款产品代表品牌的高端形象，代表企业在行业内的地位，却异常困难。

2. 产品同质化，陷入价格战。

同质化竞争，是指同一类的不同品牌的产品，在外观性能、使用价值、包装与服务、营销手段上相互模仿，以至于产品的技术含量、使用价值逐渐趋同的现象。同质化的另一面，即片面追求性价比，忽视了品质提升，打群体价格战，劣币驱逐良币。许多企业好不容易打造了一个爆品，但面对市场的同质化竞争，很容易迷失方向。向上，攻不进高端市场；向下，与友商拉不开距离。

改革开放以来，越来越多的行业都在沿袭这条路径。例如，白色家电行业，从中国刚加入世贸组织时的高毛利产品到现在变成绝对低毛利产品，最后所有的小厂几乎都消失了，只剩下几家巨头企业。同样，电子数码产品，从诺基亚的超高毛利时代，到苹果、三星、华为、小米崛起之后的品质产品时代，价格也在不断降低，产品的毛利也在降低。唯一不同的是，电子数码产品有很多可以叫得上型号的旗舰产品，这些产品支撑了这些品牌的品质和利润率。

3. 原来的领域发展遇到瓶颈，想要突破以获得更大的增长空间，但找不到支点。

从改革开放之初到今天，需求不断被释放，各个领域充分发展，持续增长几乎成为一种惯性。但随着全球化程度不断提升，竞争越来越激烈，各个领域都进入了超级饱和状态，粗放增长的方式已经一去不返。中国是一个经济大国，无论是产品还是品牌，都需要不断升级。很多企业想要保持有效增长，突破原来的瓶颈，或者找到新的增长曲线，但缺乏对细分市场需求的洞察，导致真正有价值的客户往往被忽略了。这就造成企业在经历了一个旺盛周期后，增长乏力，新的旗舰产品跟不上。这样的行业例子有很多，例如以佐餐出名的老干妈，最近几年就因为缺乏新品增长乏力，再如汽车领域的福特汽车、雪铁龙、日产等。这类企业，对营收有贡献的依然是很多年前的产品，显然消费者并没有那么持久的热情。

米缸里的老鼠

以上三个困惑，长期不解决，企业就会像困在米缸里的老鼠一样。

2011年华为年度市场大会上，彼时余承东刚刚接手华为消费者BG（业务集团）业务。在大会上，他给在场的各方同事算了一个账，说华为每年卖这么多功能机，但是不赚钱，如果销售部门的同事能每部手机多卖两元钱，那这个业务单元就能赚一些。华为销售部门的业务负责人却呛声道："你们这种烂东西，什么竞争力都没有，我们给你们卖出去就不错了。"类似的场景相信在当下的不少企业里仍然以各种不同形式演绎着。

当时的华为手机，SKU非常多，每年的销售数量多达5000万部，销售方式主要是与各家通信商合作，通过各种渠道进行捆绑销售，华为销售部门的话语权并不强。

余承东接收到销售部门的反馈，进行了反思，后来他抛出了一个理论——"米缸里的老鼠"。他把2011年前的华为消费者BG业务比作米缸里的老鼠。华为每年生产几千万部功能机，这部分手机价位低、销量大、毛利低，整体处于赔钱状态。但这部分业务的营收规模非常大，如果继续发展下去，依然会赔钱，肉眼可见地会把自己困在低端市场。尤其随着苹果、三星等竞争对手越来越强大，华为想要突破越来越难。如果继续只盯着米缸中的米，不能及时跳出去，米缸里的米会越来越少，老鼠会越陷越深，越往后想要跳出去的难度会越大。

现实的商业竞争世界的米缸里可能不止一只"老鼠"。它们都觉得米缸里还有米可以吃，而且绝大多数企业都觉得自己不吃必然有其他企业去吃，早晚会被别人吃完。往往等到企业发现米缸里没米可吃时，再想转变已无可能。

回过头来看，中国企业面临的这些共性问题，恰恰是企业老板思维模式导致的，他们对企业增长通常有两个误区：

• 认为 SKU 越多，企业规模就会增长得越多。

• 认为性价比永远为王。

这些问题概括一下，就是不健康、不可持续的增长方式。这种增长方式所能带来的结果多数人都可以预见却不知如何破局。那有没有一种更好的增长方式？

有，这就是本书要讲的旗舰战法！

有无旗舰产品的企业的区别

如果说中国企业面临的三个困惑，背后所映射的是一种增长方式的选择，那么与之相对的就是另外一种增长方式：既要增长，也要利润，同时也要市场的格局和规模。类似苹果、特斯拉这样的公司，虽然产品数量很少，但每一款产品的品质都很高，也都能获得超大的销售规模。它们通过少而极致的产品获得更多的营收，也给企业带来了更大空间的品牌溢价。

没有旗舰产品的企业会是什么样？我们可以以上汽集团、理想汽车和华为为例来看一下。

上汽集团是中国最早的汽车公司，也是 A 股的上市公司，旗下品牌众多，包括上海大众、别克、雪佛兰、名爵、荣威、上汽大通、宝骏等。根据上汽集团 2022 年财报数据，2022 年其营收超过 7440.63 亿元人民币，利润达到了 161.18 亿元人民币。不过根据 A 股的市值显示，截至 2023 年 8 月 17 日，上汽集团在 A 股的市值为 1675 亿元人民币。

再看成立于 2015 年 7 月的理想汽车。理想汽车 2018 年才发布首款汽车理想 ONE，这是一款 6 座的智能中大型 SUV（运动型多用途汽车），面向的是家庭用户。2020 年，理想 ONE 取得中国新能源汽车 SUV 市场销量冠军，同时成为 30 万元以上国产车型销量冠军。2022 年 6 月底，理想 ONE 累计交付量达 184491 辆。2022 年 6 月 21 日，理想汽车正式发布家庭智能旗舰 SUV 理想 L9。到 2023 年 8 月中旬，理想 L9 已经成为售价 30 万元以上 SUV 汽车销量第一名。再看理想汽车在港股的市值，截至 2023 年 8 月 17 日，其市值超过 3374 亿港币，而理想汽车发布的 2022 年财报显示，2022 年其营收是 452.87 亿元人民币，利润为 –20.12 亿元人民币。

A 股和港股有一定的差别，但剔除港股市场的投资者结构、市场规模、交易环境等因素，理想汽车的估值和上汽集团的估值依然呈现了两种完全不同的逻辑。

为什么上汽集团旗下有如此多的品牌，如此多的 SKU，营收也非常高，但 A 股的市值这么低？而理想汽车只有几款车型，但在港股的市值达到了 3300 多亿港币。要知道，市值千亿，对于很多中国公司来说是一个很高的门槛，因为截至 2023 年 8 月 17 日，2239 家 A 股上市企业，平均市值只有 218.45 亿元人民币。资本市场对一家企业的市值评判逻辑在一定程度上说明了什么样的公司是一家好公司。

上汽集团有很多好的产品，也是一家优秀的企业，但从产品维度看，理想汽车与苹果、特斯拉这样的公司更类似。上汽集团虽然有很多 SKU，能让大众熟知、记住的产品与特斯拉、理想汽车比起来却有不小的差距。理想汽车的几个型号，也只是刚刚推出了 1~2 款产品，资本市场的认可度为什么会这么高呢？

证券公司给出的解释是：理想汽车从 1 到 N 的探索已然完成，公司产品矩阵清晰，看好其市场份额持续提升。言外之意，资本市场已经从理想汽车最初的产品看到了成功的影子，未来从 1 到 N 的拓展会随着时间的推移顺理成章达成。而理想汽车的产品矩阵，也是从高价向低价不断渗透，从增程向纯电切换，增程式业务将严格按照价格带区分，L5/L6、L7/L8、L9 分别坚守 20 万 ~ 30 万元、30 万 ~ 40 万元、40 万 ~ 50 万元的价格区间，分别提供中型、中大型、全尺寸家庭 SUV。

通俗点讲，理想汽车只有这几款产品，但这几款产品都是旗舰产品，旗舰产品从第一场仗开始就显现出了价值，尤其是对未来增长的良好预期，这种增长方式能够带来足够的想象空间。而老牌企业上汽集团一年的营收高达 7400 多亿元人民币，却是靠 SKU 堆出来的。

同样，2012 年，华为每年销售的手机数量超过 5000 万部，但多数是与中国移动、联通这些电信运营商合作，主要依赖渠道渗透带动销售，利润微薄。余承东在接手了华为消费者 BG 业务之后，决心将华为一年 5000 万台的传统手机出货量砍掉 3000 万台，开始打造华为的旗舰手机。这一决策最终成就了华为消费者 BG 业务在中国电子信息产品市场的行业地位，将华为的营收推向了新高。而在此之前，小米已经在中国市场率先掀起了一轮极致产品风暴，中国的电子产品在当时迎来了普遍的产品变革，旗舰产品在电子信息产品领域逐渐多了起来。越来越多的企业意识到旗舰产品的重要性，越来越多的中国企业开始打造旗舰产品，寻求一种更健康的增长方式。

旗舰战法，一种更先进的增长方式

回过头，我们再看前文提到的企业存在的困惑。并非这些企业不想把自己的某一款产品卖爆，而是敢不敢想，有没有路径可循的问题。这里的核心之一在于一个企业家的雄心壮志。这要求企业家不甘于眼前百分之几的增长，而是追求一种长周期且高质量的增长。

旗舰战法，就是一种更先进的增长方式。

纵览中国商业史上不同时期、不同企业的增长逻辑，旗舰战法是中国企业经历了几代增长路径之后必然的新进化路径，而旗舰产品是企业持续发展的必由之路。

中国企业的增长自改革开放以来，经历了不同的阶段：从跟随外国企业做产品，到做出产品、做好产品、做出好产品。而在做出好产品的基础上，市场的细分要求越来越精细，对产品技术、性能的创新要求也越来越高，做出好产品的企业越来越多，进一步使得不同领域的企业都要打造自己的旗舰产品。

旗舰产品是一家公司或一个品牌的顶级、最高端的产品，通常代表一家公司或一个品牌最先进的技术、最高品质的制造和最先进的设计。旗舰产品具有创新性、领先市场、高价值和高知名度的特点，它们往往在市场上处于顶端地位并且成为该公司或品牌的代表。

旗舰产品通常以高端的售价、卓越的性能、优质的材料、精湛的工艺和令人印象深刻的设计来吸引消费者。它们在竞争激烈的市场中起到引领、差异化和品牌形象塑造的作用，可以通过带动其他产品的销售和提升品牌整体价值来推动企业的发展。这就是旗舰产品的核心特点，通过旗舰产品的突破，从而带动产品组合收割市场。

旗舰产品战法本质上是一种以产品为王的极致产品战略。这个产品战略通过提升产品竞争力，来带动企业的高质量增长，避免企业陷入有销量没利润、有市场没溢价、有产品普及却没有口碑的状况。拥有旗舰产品的企业，表面上只是获得了一款尖刀产品，实质上，旗舰产品的背后是企业战略力、组织力、产品力、营销力、供应力的综合呈现，也是一家企业走向高质量持续增长的关键，是"解题"和破局的基石。

本书导读

本书一共包括六章，分别为：

第一章，介绍什么是旗舰产品以及旗舰产品和爆品的区别，为什么旗舰战法是一种更先进的增长方式，企业为什么要以旗舰产品走向世界。

第二章，结合华为等企业的旗舰产品发展过程，讲述为什么打造旗舰产品必须从打一场胜仗开始。

第三章，讲述如何利用旗舰产品突破市场格局，做出超出用户预期的极致产品，以及旗舰出击、组合收购如何带动全局的增长。

第四章，讲述如何发掘客户的价值需求，制定未战先胜的作战方案，实现旗舰产品的最大竞争价值、最大化商业价值。

第五章，讲述如何确保旗舰产品开发的执行力，调和旗舰产品开发过程中质量、交期、成本的矛盾，确保旗舰产品的旗舰级品质。

第六章，讲述旗舰战法背后的底层逻辑，构建旗舰产品所需要的团队和组织保障，以及如何让重量级团队跑起来。

这本书立足于华为旗舰产品探索的坎坷历程，以实际操盘的视角，解读了华为踩过的坑和交过的学费。无论是国外还是国内，旗舰产品打造已经成为科技类企业通用的战法，这种战法也正在逐渐向科技类之外的企业蔓延，为越来越多的企业提供借鉴。旗舰产品的竞争力可以通过科学管理做到持续迭代，旗舰战法也是一套可以复制的战法。

目 录
CONTENTS

第 一 章
以旗舰产品走向世界

什么是旗舰产品

特劳特的定位理论中有一种经典的说法，消费者用品类去思考，用品牌来表达。依照这个逻辑，当人们提到一些品类词汇时，就会马上想起一些品牌，比如：

提到手机，人们会想到苹果；

提到 5G 手机，人们会想到华为；

提到新能源汽车，人们会想到特斯拉；

提到飞机，人们会想到波音、空客；

提到无人机，人们会想到大疆；

提到空调，人们会想到格力；

提到儿童玩具，人们会想到乐高；

…………

更进一步，当我们提到一家企业或某一个品牌时，消费者首先想到的产品又是什么呢？比如：

提到苹果，我们会先想到 iPhone 手机，当然苹果旗下还有 Mac、iPad、iPod 等产品；

提到特斯拉，人们首先会想到 Model S，而特斯拉还有 Model 3、Model X、Model Y 等系列产品；

提到波音，人们会首先想到波音 747，但波音也有其他产品，如波音 737、波音 787、波音 777 等；

提到三星，人们会首先想到 Galaxy S 系列手机，而三星还有 Galaxy Note、Galaxy A、Galaxy J 系列等；

提到华为，人们首先会想到华为的 Mate 系列，而除了 Mate 系列，华为还有 P 系列、Nova 系列、畅享系列等；

提到理想汽车，人们首先会想到理想 L7 五座旗舰 SUV，而理想还有 L8、L9、L6 等多款产品；

提到大疆，人们首先会想到 DJI Air 系列，而大疆还有 DJI Mavic 3 Pro、DJI Inspire 3、DJI Avata、DJI Mini 3 Pro 系列等；

…………

上述列举的都是世界知名品牌，而这些品牌都有一个特点，就是尽管名气非常大，消费者提及这些品牌时，依然不能说出它的全部产品，而是会优先记住某些主力产品。而这些被记住的主力产品，就是这些品牌的旗舰产品。换句话说，旗舰产品一定是一家公司或一个品牌推出的最具代表性和顶级的产品，在市场上具有较高的声誉和知名度，也往往是该公司产品线中最畅销和最受欢迎的产品。旗舰产品不仅代表着这家公司的形象和价值观，还能引领行业的发展和潮流。

而从商业层面看，这些产品是为这些公司带来收入和利润增长的绝对核心产品、主流产品。这些产品围绕主要的用户群，且一定满足这个客户群体的关键需求，体验也更好。当然，能够作为旗舰产品代表公司，其通常具有最先进的技术、最高品质的材料和设计，展示了该公司的技术实力和创新能力，其功能、性能、设计和用户体验等方面也会达到最高水准。

而从产品商业成功的角度来说，旗舰产品也有明确的指标要求，简单总结就是卖得多、赚得多、拉得动、有控制点。

什么是卖得多、赚得多、拉得动？

第一，这里讲的卖得多、赚得多，是一个相对概念。旗舰产品是一个品牌的主力产品，但并非唯一产品。旗舰产品本身要能够在自己的领域立得住，站得稳，还能拉动其他产品的销量，无法带来协同销售的旗舰产品称不上成功的旗舰产品。

第二，卖得多也需要考虑时间周期问题，旗舰产品在带动周边产品销量增加的同时，具有更长时间的销售黄金期，甚至能够带来 10 年以上的持续销量增长。

第三，旗舰产品的高品质自然意味着高溢价，只有品牌附加值得到提升才能从根本上解决产品赚得多的问题。在华为 5G 手机受到美国制裁之后，苹果手机几乎拿走了行业 90% 以上的利润份额，靠的就是其旗舰产品不断提高产品售价，通过品牌溢价进行收割。

旗舰产品就是要瞄准主流市场中的每一个最核心用户，这些用户不仅消费力稳定，对产品品质需求也很稳定，购买的量级不一定最大，但一定贡献主要的利润。旗舰产品就是要瞄准这些用户，满足这些用户的需求，构建企业的品质增长模式。

什么叫有控制点？

战略控制点，就是要持续构建领先的差异化优势，这是能支撑价值定位和实现长期可持续发展的关键要素。其作用是保持企业的持续赢利能力，在长期的市场竞争中保有优势地位，让企业自身的产品具备领先优势，或是一个商业模式能够持续存在。这里说的控制点一般是指产品的控制点。产品的控制点是保证产品领先于对手，避免对手快速复制的战略要塞。

不管什么类型的产品，如果没有控制点，卖得再多，利润率再高，也无法持续，因为其无法形成竞争壁垒，最终的结果就是产品快速被模仿，市场快速成为红海，毛利率下降，市场守不住，份额不持久。

旗舰产品是品牌的底座

让产品更有竞争力，是企业构建品牌最原始、最基本的功能需要。反过来，品牌也需要以产品作为基础。随着传播形式越来越多，建设品牌的维度在不断增加，但市场竞争也越来越激烈，普通的产品已经很难代表品牌出圈。

从品牌的角度讲，我们可以将旗舰产品定义为：消费者认为与品牌关联最为紧密的产品，提及该品牌消费者最先联想到的产品，反之则定义为非旗舰产品。

比如：

提到招商银行，消费者最先想到招行信用卡；

提到特步，消费者最先想到的是它的跑步鞋而非篮球鞋；

提到方太，消费者最先想到的是它的集成烹饪中心而非洗地机；

提到格力，消费者最先想到的是它的空调而非手机；

提到 TCL，消费者最先想到的是它的 LED 电视而非空调；

提到雅迪电动车，消费者最先想到的是它的冠能系列石墨烯长续航电动车，而非铅酸电池普通电动车；

…………

旗舰产品是最能代表公司品牌的典型产品，多数消费者对旗舰产品有最直接的体验和感知，并且长时间接触产品信息，对产品信息有较多了解。非旗舰产品则与品牌关联不那么密切，消费者缺乏直接的消费经历和体验，了解产品信息较少。

品牌是产品的灵魂，这个逻辑什么时候都不会变，但并非所有的产品都可以作为品牌的载体。只有旗舰产品才能称为品牌的底座，而品牌高端化是旗舰产品的主要目标之一。过去，产品质量不错、价格有优势就能获得市场份额，而现在只有在全社会对产品的品质和价值呈现产生共识，才有机会塑造高端品牌形象和提升品牌溢价，旗舰产品就是拉升品牌溢价的"底座"。

同样，一个品牌的知名度也是靠旗舰产品一点一点渗透出来的。

有的品牌的知名度可以实现不用信息提示消费者就可以想到，但如果在提到品牌的时候消费者无法想到这个品牌旗下有什么产品，显然这个品牌的产品渗透力还不够。

品牌是企业与消费者沟通的最表层外衣，企业一定要通过这层外衣与消费者建立多维度、立体的联系。品牌的知名度可以通过媒体传播、独特形象、流量加持不断扩大，但归根结底还是要落脚到产品上。品牌知名度必须依赖产品不断渗透，不断被消费者使用和在日常中讨论建立起来。消费者购买一个品牌的旗舰产品，推荐这些产品给身边的人，用旗舰产品作为自身的身份表达，这是一个品牌至高无上的荣耀。

没有旗舰产品的品牌，就像流量明星一样，短时间也许可以获得极高的曝光度，但没有什么优质的代表作，这样的知名度不可能持久。因为几乎每一位经得起时间考验的明星，都有自己拿得出手的作品，可能是一首歌、一部戏、一部电影、一部电视剧，这些被大众熟知的作品就像一面面旗帜，飘荡在大众的脑海里。

每一个品牌都有高端化的理想，建立高端品牌的形象从产品角度而言，就是通过旗舰产品的竞争力来拉升。

不管如何进行宣传、公关，品牌形象的根都在产品上。所以，品牌是产品的功能，消费者是否愿意为产品付出更高的买单价码最具说服力。有理想有追求的企业需要不断投入研发，持续创新，打造自己的一代又一代旗舰产品，一点一点提升品牌的高端形象。

旗舰产品不等于爆品

常常有人认为爆品就是旗舰产品，本书中的旗舰产品和爆品是两个不同的概念。

旗舰产品指的是一个品牌或公司推出的最高端、最具代表性的产品。通常，旗舰产品拥有最先进的技术、最高的性能和最优质的材料，代表了一家公司的技术实力和品牌形象。旗舰产品在市场上通常价格较高，面向高端消费者。

而爆品是指在市场上突然爆发出极高的销售量和强烈的消费需求的产品。爆品通常具有独特、创新的设计、功能或者某种特别的卖点，能够引起消费者的极大兴趣和购买热情。爆品不一定都是品牌的旗舰产品，但它能够在短时间内取得巨大的商业成功，成为市场上的焦点和热门产品。

因此，旗舰产品更注重代表品牌形象和技术实力，而爆品更注重引起市场反响和销售成功。

当然，对于一家企业来说，旗舰产品往往是企业花费大量资源已经在市场上成功推出的产品，而且从推出开始就不是单品策略，旗舰产品的产品组合策略中还有其他产品有待开发，也是企业进一步经营的重点。企业可以利用现有品牌资产和已经成功的产品来提升非旗舰产品的市场表现，进而节约资源，提升营销沟通效果，对企业有重大现实意义。所以，一家企业的旗舰产品，可能是持续的爆品，但市场上一些爆品不一定是旗舰产品。

除了上面提到的区别，旗舰产品和爆品还有以下不同之处：

1. 定位和目标客户群不同

旗舰产品通常面向高端市场，针对有较高消费能力和对品质要求较高的消费者群体。而爆品可以面向更广泛的市场，可能会吸引更广泛消费者的兴趣和购买欲望。同时，旗舰产品的定位和目标客户群一定是基于企业战略的选择，而非机会性的偶然选择。爆品可能会因为某个机会出现，旗舰产品却一定是规划出来、迭代出来的。

2. 市场表现不同

旗舰产品在市场上的推广和销售通常相对稳定，因为它们需要更高的价格来支持其高端形象和高质量。爆品可能会表现出短期内的销售爆发和高速增长，但也存在风险，因为爆品的热度可能会迅速消退。所以，爆品的生命周期往往更短，多数的爆品并没有战略控制点，很容易被模仿，模仿出现市场即进入衰退期，而后快速消亡。

同时，旗舰产品和爆品规划的时间周期、销售策略也不同。旗舰产品不仅追求眼前的增长，还追求长远的增长。旗舰产品往往是系列产品，产品迭代有清晰规划，所选择的市场细分方向，能支撑公司未来 10 年甚至更长时间的增长。

3. 品牌价值和认知度不同

旗舰产品通常是一个品牌的代表，通过展示技术和创新能力来提高品牌的价值和认知度。而爆品可能会通过其独特或前所未有的特质，为品牌带来更大的关注度和知名度。所以，旗舰产品是品牌的底座，同时能够通过高品质产品渗透提升知名度，拉升品牌的形象。但爆品可能会让某个品牌快速被关注，对于快速到来的高并发流量或关注度，企业往往缺乏应对策略，难以将知名度沉淀成品牌的持久影响力。同时，旗舰产品和爆品打造的底层逻辑不同。旗舰产品不仅需要技术积累，也必须具备行业内领先的技术才能形成有效竞争壁垒。爆品可能会因为某个热点事件、某些流量事件快速爆红。

总的来说，旗舰产品更注重品牌形象、技术实力和长期市场表现，而爆品更注重创新、独特和短期内的销售爆发。

以旗舰产品走向世界

2001 年 5 月，日本通商产业省在发布的《日本贸易白皮书》

中提出了一个说法，中国已经成为"世界工厂"。日本这一提法的理由是，在彩电、洗衣机、冰箱、空调、微波炉、摩托车等产品中，"中国制造"均已在世界市场份额中名列第一。不过，那个时候，中国制造虽然"有其实"却"无其名"。

"有其实"是指中国的诸多产品在世界市场的份额已经很高，占比均名列前茅，但中国制造的品牌之名并没有树立起来。即便少数品牌有一定知名度，但提及该品牌时也说不上有什么代表性的产品。那时候的中国制造，世界工厂之名是靠庞大的产品数量支撑起来的，整体而言产品品质的竞争力并不强。

事实上，在世界工业化的历史上，英国、德国、美国、日本等工业化国家曾先后扮演过"世界工厂"的角色。它们先后经历了第一、二、三次工业革命，每一次的工业革命都是一个时代的变迁。

在中国成为"世界工厂"前，"德国制造""日本制造"都曾霸占世界舞台，也都曾是品质低劣的代名词，但这些国家都走出了一条逆袭之路。德国和日本的品牌逆袭，是通过一些知名品牌的旗舰产品输出实现的。换句话说，全世界几乎所有的品牌都是以一代一代的旗舰产品不断刷新其品牌在国际市场上的地位。

以日本为代表，索尼、松下、丰田、佳能、日产、富士等，都是通过主力产品的成功不断扩大在全球的市场份额，从而建立起了品牌强国。

美国的全球品牌输出程度更高，通用、福特、克莱斯勒、IBM、微软、苹果、特斯拉，一代一代世界级品牌，每一个品牌背后都有旗舰产品不断迭代。德国同样如此，西门子、飞利浦、博世、奔驰、宝马、拜尔、SAP 等，没有这些品牌，就没有德国世界制造强国的地位。

下面就以日本的国家品牌索尼为例看其是如何通过旗舰产品迭代不断做强做大，代表日本制造走向世界的。

日本品牌在全世界声名鹊起，是通过索尼、松下、丰田等品牌的崛起支撑起来的。尽管索尼当下业绩表现一般，但其当时坚定的产品路线非常值得中国企业学习。

具体到单个品牌，盛田昭夫和他的索尼在这个过程中发挥了很大的作用，他通过在美国的不懈努力，让世界了解到日本品牌的优良质量，不仅在世界范围内树立了索尼的品牌形象，还为"日本制造"走向世界奠定了很好的基础。

1946 年，盛田昭夫与井深大共同创立了索尼的前身"东京通信工业株式会社"。盛田昭夫在公司创立时曾立下这样一条誓言，"开发任何公司无法仿造的独家产品"。这是索尼从一个仅有 20 名员工的小公司发展成为世界著名跨国企业的坚持的原则。

盛田昭夫、井深等索尼高层，曾用很长的时间，花了很大力气培育消费者对公司产品的信心。他们在世界各种媒体不断宣传诸如"专业制造商的索尼""创造世界最先进产品的索尼""技术的索尼""日本诞生的世界性品牌的索尼"等口号，这些宣传语让"索尼技术优越"的观念深入人心。

索尼的第一代旗舰产品是 1955 年研发的三极管收音机。当时，盛田昭夫决定到世界最大的市场美国推销自己的产品。一家在当时闻名世界的美国制造商曾对盛田昭夫说，"只要你们将收音机贴上我们的品牌生产，我们就购买 10 万台"。那家美国公司说，"我们是用了50年才建立的品牌，假如你们不利用我们的品牌，那就太愚蠢了"。但盛田昭夫拒绝了这个要求，他说："我想，贵公司在以前也曾经是一家无名的小公司。"而后，他以索尼的名义与美国某大代理公司签订合同，随后的销量纪录表明，盛田昭夫的决定是对的。

随后，索尼在全球的地位不断提升，索尼的旗舰产品也一次一次地刷新销量。

1968年，索尼Trinitron彩电问世，它采用了独特的平板显像管技术，成为当时电视产品中的顶尖产品，并取得了巨大的成功。

1979年，索尼研发的Walkman（随身听）发布，这款Walkman是一款具有革命性意义的便携式音乐播放器，快速成为当时的热门产品，风靡全球，并对音乐产业产生了深远的影响。

1994年，索尼发布了PlayStation游戏机，这是一款家用游戏机。这款PlayStation系列旗舰产品，使得索尼成为全球最受欢迎和畅销的游戏机品牌。

1996年，索尼Cyber-shot数码相机发布，以优秀的图像质量和创新的技术闻名，并与佳能、尼康、富士、柯达并列为全球五大数码相机品牌。而索尼的这款相机通过后续陆续扩展产品组合矩阵，成为涵盖从入门级到专业级的各种型号的旗舰产品组合，市场占有率非常高。

2008年，索爱Xperia手机诞生，这是索尼与爱立信合并后推出的第一款手机，并持续四次迭代，融合了高品质的设计、优秀的摄影和音频技术。这款手机在一段时间内造成了一定的市场影响力。不过在此之后索尼的业务逐步溃败，开始向游戏和娱乐业务转型，旗舰产品也几乎从索尼的品牌字典里销声匿迹，至此索尼的业务增长开始陷入瓶颈。

索尼的辉煌时期是在20世纪90年代，这个时期，以日本、美国为主的市场，商品价格结构也发生了巨变，大量的廉价商品出现，与当下中国市场的情形有相似之处，但这丝毫没有影响类似索尼这样的品牌的产品持续畅销。而且这些品牌产品的销售量往往是其他普通品牌的10倍甚至更高，这些品牌的产品价格也更高。可以说，日本经济能够长期坐住世界第二把交椅，很大程度上得益于日本企业培育出了一大批世界著名品牌，这些企业的产品无疑正维护着"日本制造"在世界消费者心中的地位。

从1955年开始，索尼不断发布的主力产品，都支撑了其一个时期的高速增长，短则三五年，长则十年，且不管外部的环境如何变化，这些产品都有不错的市场认知度。

为什么旗舰产品可以走向世界？因为旗舰产品代表着一个品牌在技术创新和研发能力方面的领先地位，旗舰产品的技术规格要求也属于一流，先进的功能可以吸引全球消费者的关注，能够树立品牌以及国家在行业和全球的声誉。

换一种说法就是，只有旗舰产品可以代表国家走向世界。通常，代表一个国家的品牌，都有厚重的历史，经过了长时间的积累。每一个国家级品牌背后也都有让人惊奇的旗舰产品，这些旗舰产品支撑这些国家品牌登顶。

比如：

提到法国，人们会想到的代表品牌有迪奥、香奈儿、路易威登、爱马仕、施耐德、米其林等；

提到瑞士，人们会想到的代表品牌有百达翡丽、劳力士、天梭、诺华制药等；

提到芬兰，人们会想到的代表品牌有诺基亚等；

提到奥地利，人们会想到的代表品牌有施华洛世奇等；

提到韩国，人们会想到的代表品牌有三星、LG、好丽友等。

以上这些品牌，它们的旗舰产品往往成为品牌营销活动的重点和亮点，它们会通过针对旗舰产品做大量资源投入，除了看不到的研发投入，还有可以看到的广告、宣传、推广投入等，提升品牌在全球市场的知名度和曝光率。

只有将最具实力的产品推向全球市场，才能打造出全球范围内的品牌形象。同时，旗舰产品的成功销售也会提升品牌的口碑和用户体验，以良性循环的方式进一步推动品牌走向世界。当然，一旦这些品牌的产品增长陷入衰落，对应的国家形象也会受影响，比如诺基亚的衰落。而中国企业也必将经历一个从世界工厂到中国制造崛起的过程，并形成中国旗舰产品立于世界的局面。这也是中国不少品牌要走的路，而华为就是典型代表。下面就以华为为例，看一个中国企业如何通过旗舰产品走向世界。

华为旗舰产品的突破之路

华为曾经的品牌形象很差，在客户的认知里，无论通信设备还是终端手机，都是低端产品的代名词。和诸多国际品牌相同，从来就没有突然声名鹊起的品牌，华为的品牌也是靠一代又一代旗舰产品不断建立起来的。华为的崛起之路就是华为旗舰产品的突破之路，没有旗舰产品的突破也就没有华为的国际地位。而华为的成长之路也是很多中国企业的成长之路。

通过梳理，我们可以把华为的旗舰产品突破之路分为 4 个阶段，分别如下。

草莽阶段：IPD 变革打下华为产品研发的体系基础

改革开放以来，中华大地一片勃勃生机，交换机市场更是欣欣向荣，那时的华为就是市场风口上的"猪"，需求如雪片一样多，可以说是天上掉馅饼，产品只要做得出来就有市场。

华为此时推出了 C&C08 交换机，但质量不尽如人意，往往是"买一送一"，卖给客户一台设备，还得派一群人去现场维护，零点瘫机重启、半夜更换单板是家常便饭。

原来，在设计过程中，这款产品就出现了技术纰漏，大量产品需要更换单板，发货交期只能一拖再拖。质量问题和无效研发导致的成本浪费，甚至一度达到业界平均标准的 2 倍之多。

解决质量、成本、进度的矛盾，是华为最早期打造旗舰产品的核心命题。面对质量问题频发，且迟迟无法改善的局面，1999 年华为请来 IBM 作为老师，启动 IPD（集成产品开发）变革。

IPD 变革推行 3~5 年后，效果明显。一是产品研发周期平均缩短了 40%，个别产品更是缩短了 70% 以上；二是产品质量故障率从原来的 17% 降到了 1.3%；三是客户满意度逐年上升，华为实现了产品的交付周期、质量、成本的均衡。这三个问题是一家企业能力升级的最基础的底层问题。不解决这三个问题，打造有竞争力的产品就是无本之木，更不用说旗舰产品的出圈了。

在这个阶段，华为到底做对了什么？为什么有些企业也学习IPD，效果却往往不达预期，更有甚者学了还不如不学？IPD为何可以在华为发挥奇效？

事实上，变革是有方法的，华为做了如下几个关键动作，使得西方的IPD管理方法与东方的管理哲学有效结合起来，获得了空前成功。

1. 全员松土，先僵化再固化后优化

在变革阶段，华为用近10个月的时间，开展面向公司全领域1800多位三、四级管理者的宣讲、培训、研讨与考试。任正非的一句"削足适履，勇于穿美国鞋，不要总是强调特殊性"，使得华为自上而下以及自下而上，全面认识了IPD变革对华为的重要性，真正吹响了华为变革的号角，也奠定了华为变革的文化基础。

2. 对当时华为的业务流程进行重整

用端到端的结构化流程，代替原有的部门流程，分层分阶段地明确要求并坚决执行，让产品开发从串行变成并行，用端到端结构化流程，解决部门间的协同问题。

3. 加强研发体系的专业设计能力，形成裂变效应

华为成立了面向专业领域的SE（系统工程师）组织，如软件SE、硬件SE、结构SE、可靠性SE等，根据产业技术的特点，形成多种技术协会组织（行管），负责所在技术领域的设计规范和设计标准，持续提升专业设计能力。

4. 在研发体系设立质量运营部，每个PDT（产品开发团队）设质量代表

端到端负责产品全生命周期质量，从客户需求、研发设计、

生产导入、售后维护端到端把质量管起来，对产品的客户满意负责，尤其是加强产品从需求到设计阶段的质量管理，避免缺陷留到下一环节。

5. 持续改进，定期审视研发项目的运作情况

加强项目复盘和质量回溯，并通过复盘发现流程缺陷及运作问题，制定改进措施，落实到组织、流程及规范之中。

1999 年，当时的华为还不够强大，却花费巨资师从 IBM 导入 IPD 的变革，这是华为管理变革的开始，也是崛起的开始。从研发体系变革开始，华为认识到产品是一切的基础，尽管产品研发体系的变革是所有变革中最难啃的骨头，但这块骨头如果啃不下来，结果就很难导向商业成功。

本质上，IPD 变革在华为的基因里种下了旗舰产品的种子，并且成功发芽。

走向海外：第一代旗舰产品的成功

2002 年是华为的"冬天"，却是友商的"春天"。华为发展历史上营收首次下滑 15%，而同城的竞争对手中兴和 UT 斯达康的营收分别实现了 18% 与 56% 的增长。华为营收下滑的背后是老业务增长乏力，而新业务增长不大。无线业务错失小灵通和联通 CDMA（码分多址）的市场机会，数字通信等新业务打不开局面，严重亏损。此刻，华为不得不走向海外。然而，海外市场并不好做，客户多、需求多、变更多，研发被迫开发出大量的 SKU，然而因为客户需求把握不好，做出的产品满足不了客户的真实使用

场景，导致产品刚开发出来就要改版，原有库存成了呆死料。

内忧外患之下，华为在国际化阶段，继续推进 IPD 变革。而华为扭转市场颓势的背后，是用差异化产品满足各种目标客户场景下的需求。华为推出了 CDMA 系列产品，这个系列产品技术优势明显，具有非常强的穿透能力和覆盖范围，型号非常丰富，适用于许多特殊场景和地域，如农村地区和边远地区。

比如，CDMA450 产品所瞄准的农村市场，信号覆盖范围广、灵敏度强，在海内外偏远农村市场大受欢迎，势如破竹，而 CDMA 系列产品更是一举占据了全球 67% 的市场份额。

同时，华为用 GSM（全球移动通信系统）撬开海外欠发达地区市场，成功突破巴基斯坦、独联体、亚太地区，占据了全球 21% 市场份额。

在华为这个阶段的突破背后是产品差异化竞争力的体现，具体的变革举措有以下 4 点。

第一，从 2002 年开始，华为成立跨部门协同的 IPMT/PDT 重量级团队，拥有重量级的成员、责任与权力，研发从此成为公司的利润中心，对产品的商业成功负责。从此，IPMT/PDT 成为一个个增长的发动机。

第二，建立产品规划及产品立项流程，全面的需求管理和立项管理有流程可依。

第三，成立 Marketing（市场营销）部，平衡市场需求和研发能力的矛盾，让细分市场看得更准，需求得以有效管理，产品的定义更具竞争力。

第四，在研发体系设立成本管理部，将设备、服务、采购、制造、供应成本统一设计与管理，更好地支撑全球市场的需求。

在这一阶段，华为真正实现了从个人英雄到团队的成功，从一个产品的偶然成功，转向了多个产品的必然成功。企业增长实现了靠一个"老板"到一群"老板"，做到了人人都有商业意识，研发争做"工程商人"，培养了一批懂市场、懂客户的商业领袖。

突破国际高价值市场阶段：旗舰产品敲开世界高端品牌之门

经过几年的国际化发展，华为在不发达地区已经小有成就，但面向高价值市场，如欧洲市场，一直没能突破。某国外媒体在采访任正非时，表示"华为在海外的策略是农村包围城市"，任正非答复道："华为的战略一直是瞄准高端市场，攀登珠峰，沿途下蛋。"

确实如此，华为最早成立的欧洲地区部，一直瞄准西欧高端市场做产品，但高端运营商选择供应商，不仅看产品本身，更要看有没有技术积累，有没有管理，有没有把这些技术转换为客户所需要的产品的长期能力。华为过去的跟随者战略的成功，成了突破欧洲高端市场的"绊脚石"。"Me too, but cheaper"（我也是，但更便宜）的印象在客户心中根深蒂固，比拼测试没输过，但招投标没赢过。

如何从一个低端产品的供应商转变成为一个高端产品、高端市场的行业领先者，这是华为面临的最大的挑战。

直到 2005 年、2006 年，华为先后突破了欧洲市场，一举拿下英国 BT（英国电信集团公司）和沃达丰，它们正是华为梦寐以求的高端客户。而这背后靠的是华为第一代具有全球化意义的旗舰产品——无线分布式基站的成功。这款旗舰产品具备了许多领先的特性，包括网络容量和覆盖范围提升、架构灵活性和可扩展性、能耗和成本优化等。

无线分布式基站在2006—2012年突破了欧洲高端市场，为华为带来了空前的品牌效应，也带动了后续传输、数通、交换机等一系列产品的海外市场的增长。

2012年，华为无线分布式基站的市场份额首次超过爱立信，成为该领域的行业第一。

为了突破高端市场，华为用市场与技术双轮驱动，以提升产品竞争力，并做了以下关键动作：

第一，升级技术管理体系，建立技术规划部，真正将技术积累固化到了组织里。

第二，构建了产品路标和技术路标的协同流程和运作机制，让路标真正为产品研发指路。

第三，聚焦关键竞争力，持续压强投入，把研发当作投资行为。"先打一枪，再放一炮，然后投入范弗利特弹药。"

华为坚持将每年收入的10%以上持续投入研发，形成多路径、多梯队赛马原则，确保产品商业成功。绝对领先的产品力背后，一定是市场和技术双轮驱动，做到吃着碗里的、盯着锅里的、想着田里的。没有技术体系的建设是无法成功的，而产品规划牵引下的技术规划，是把技术优势转换为产品优势的重中之重。

跨越新领域阶段：从 2B 到 2C 旗舰产品的跨越

2012 年，华为运营商市场占据了全球近 20% 的市场份额，全球市场占有率第一，但运营商业务年度同比增长仅 6%，华为再一次遇到了增长瓶颈。要想持续增长，华为必须寻得突破，找到新的增长曲线。于是，消费者市场成为新的目标。

消费者习惯与运营商客户完全不同。在此之前，世界上还鲜有一家高科技公司能同时做好 2B（面向企业）和 2C（面向消费者）业务，跨入新领域的华为能成功吗？

事实上，华为并非没有 2C 业务，华为的功能手机在巅峰时期每年的销售数量达到 5000 万部，却不怎么赚钱。华为必须再打一场胜仗，2C 业务也需要旗舰产品的突破。华为下定决心要用旗舰产品取得突破，但华为 P1、P2 等产品，最初跟随苹果、三星的产品策略失败了。

2014 年 9 月，华为推出华为 Mate7 手机，这是华为 Mate 系列的第一代手机。华为 Mate7 瞄准了一个细分人群——商务人士，并集中大量创新，最终取得巨大的成功。从产品角度分析，有以下因素。

1. 精准的人群定位和痛点解决

苹果和三星手机对高端人群的垄断，让很多中国厂商望而却步。而华为运营商业务在海外高端客户的成功，让其有勇气有决心去做战略突破。商务人群使用者的痛点是苹果手机无法满足的，如长待机、大屏幕。华为 Mate7 性能强大，在发布时拥有过硬的硬件配置，搭载华为自己研发的麒麟处理器，同时配备了大容量的内存和高性能的图形处理器，提供了出色的运行速度和流畅的用户体验。

2. 出色的设计

华为 Mate 7 采用了全金属机身设计，给人一种高端大气的感觉。其边框极窄，屏幕占比较高，提供了更广阔的视觉体验。此外，指纹识别技术在 Mate7 上的应用也为用户带来了方便和安全。

3. 长续航能力

华为 Mate7 配备了容量较大的电池，并且采用了优化的节能技术，使得手机的续航能力较好。这让用户可以更长时间地使用手机，而不必频繁充电。

4. 优秀的摄影能力

华为 Mate7 的拍摄功能也表现出色，配备了高像素的主摄像头和丰富的拍摄模式，能够拍到细腻而清晰的照片。

华为 Mate7 的成功给华为在消费者业务上的成功开了一个头，使得华为得以跨入 2C 业务领域。2012—2018 年，在激烈的手机市场竞争中，华为手机销量 7 年翻 7 倍，总营收入超 500 亿美元，华为消费者业务正式超过运营商业务，毫无争议地成为主航道。

时间拉回到 2011 年，彼时华为手机以给运营商定制功能机为主，把运营商渠道当作客户，定制了大量的 SKU，低质低价，产品体验差，整体毛利低。

与此同时，小米横空出世，2012 年给华为带来了前所未有的压力，但也让华为看到了智能手机市场的希望。那么在终端涅槃重生的路上，华为究竟做对了什么？

第一，明确手机中高端自有品牌的战略方向，砍掉近 60% 的功能机 SKU，全部力量投入智能机领域。

第二，手机竞争力从抓功能转向狠抓用户体验，确立了硬件世界第一的目标。

第三，面向不同市场、不同消费群体、不同地域，用产品组合引领竞争。

第四，从旗舰产品切入，用生态来构筑用户黏性，以此支撑产业持续增长。

第五，老板大力支持，不怕试错，明确从上至下的价值导向，就是要做最好的产品，不动摇。

在经历了6款中高端手机的失败后，2014年，华为Mate7手机成名，累计销量突破670万部。

一款旗舰产品的成功，为华为带来了整个品牌的外溢：

2015年，华为P8手机销量突破1000万台。

2016年，华为P9手机与徕卡合作，发力手机摄影，累计全球销量突破1000万部。

2018年，华为高端P9系列、Mate9系列、P10系列手机发货量均突破1000万台，华为手机累积出货突破2亿部。

2018年，华为受到美国制裁，2023年华为成功突破了芯片等核心技术，并在2023年发布了Mate60手机。

华为的旗舰产品突破之路还在继续。

第二章
必须下决心打一场硬仗

为什么要打一场硬仗和胜仗？

华为的企业管理实践中，使用了很多军事术语，这也是华为的一种传统。任正非在接受国外记者采访时就这个问题专门解释过。因为术语最简单，大家也容易理解。当需要解释商业上的行动，没有更好的表达时，就借用这些军事化的术语名词。当然，这些名词也真实地反映了华为的管理行为和作战方式。检验一个团队、一个干部能不能挑重担和取得突破，不看他怎么说，就看他怎么干，能否带领团队打一场胜仗。

旗舰战法，本质上是一种实战逻辑。

企业的变革，表面上是建立一套流程。但对于大多数企业来说，一次一次宣贯变革内容并不能保证流程成功导入和落地。如果这套流程没有在团队中打出来，就永远是别人的流程。同样，如果团队和组织一次也没有赢过对手，总结出来的流程也只能是别人的流程，这样的流程拯救不了没有赢过的人的信心。所以，任正非在华为内部推行 IPD 变革时，才有了"削足适履"的先僵化再固化后优化的说法。

华为的旗舰产品之路，从无线分布式基站到手机，都是在"战场"中成长，并不断复盘和优化，最终形成独特的战法。

下决心打一场胜仗

1994 年，任正非在公司内部发表讲话，鼓励刚刚加入公司的员工说："10 年后，全球通信行业三分天下，华为占其一。华为将和西门子、阿尔卡特这些传统的通信巨头并列。"到 2009 年，华为确实做到了，通信设备全球份额占比位居第二，仅次于爱立信，虽然比约定的时间稍微推迟了几年，但发展速度依然令世人惊叹。

2008 年 8 月 8 日，北京奥运会开幕，在德国柏林市中心火车站附近，华为欧洲解决方案部门正在这里进行一场专家招聘面试。为了更好地服务欧洲的大客户，与客户协同发展，华为需要招聘一些欧洲本地的高级专家人才。这是华为 2006 年成功突破英国 BT 和沃达丰之后，陆续开展的欧洲高级人才招聘专场。而这场招聘的面试人员中有两位是来自德国西门子的高级人才，一位是西门子网络的 CTO（首席技术官），另外一位是西门子网络无线研发部的"一把手"。

面试者已经满头白发，考虑到年龄和职位匹配问题，这两位西门子的管理者未被录用。那为什么西门子经验丰富的 CTO 要来参加华为的专家招聘？

原因很简单，2004 年，华为的分布式基站首次应用在荷兰运营商 Telfort 的网络上，2006 年，华为与沃达丰达成合作，其无线分布式基站网络显著提升了沃达丰的网络指标。而华为也是抓住了这次在顶级运营商网络展示的机会，从此实现了无线分布式基站在全球市场的大规模突破。通过与沃达丰、德国电信、西班牙电信等跨国巨头成为战略合作伙伴，华为的创新、实力、品质形象得到提升，等于给华为在未来的移动通信市场开出了一张"体检合格证"。这张合格证除了在欧洲市场的合作有作用，更成为无线分布式基站在中东、北非等市场获取高份额的重要支撑。

也就是说，华为历史上的第一代具有全球化意义的旗舰产品——无线分布式基站为华为挣得了全球的名声、地位和市场份额。华为通过这一款旗舰产品突破欧洲高端市场的同时，西门子开始衰落，逐步跟不上华为的步伐，全世界移动通信领域只剩下华为和爱立信两强争霸。

除了两位西门子高级管理人员来应聘华为的职位，还有一个人来参加华为的招聘，这个人是诺基亚美国研究所专门研究手机的副所长。

2008 年，诺基亚全球手机市场占有率达到 39%，可谓如日中天，但这位副所长还是觉得诺基亚日渐式微，没有发展希望了，于是辞去了诺基亚的高职位工作。为什么？因为他在美国看到当时创新的趋势，诺基亚已经跟不上时代了。苹果当时已经发布了第二代 iPhone，这是一款支持 3G 的手机，iPhone 3G 的推出使得3G 网络从无人问津到掀起全球 3G 网络扩容热，这也救了苦于海外突破的华为。正是这种扩容热让华为的无线分布式基站成了风口上的猪。华为的无线分布式基站供不应求，iPhone 3G 和华为的无线分布式基站相互促进，这两款不同公司的旗舰产品结合起来，改变了这个世界，移动互联网兴起。

从 2004 年荷兰小范围应用，到 2008 年通过无线分布式基站打垮了西门子等欧洲老牌劲旅，华为是怎么做到的？

从技术层面来看，无线分布式基站可以解决以下问题：

1. 容量和覆盖

传统蜂窝网络中的宏基站在人口密集区域或热点区域可能面临容量瓶颈和覆盖不足的问题。无线分布式基站可以将网络容量和覆盖范围细分到更小的区域，提供更多可用的无线资源。

2. 网络柔性和频谱效率

传统蜂窝网络中，宏基站的部署需要一定的物理空间和复杂的工程调试。而无线分布式基站可以灵活地部署在各种环境中，例如室内、室外、街角等，提高了网络部署的灵活性和频谱效率。

3. 传输成本和延迟

传统蜂窝网络中，基站与核心网之间的传输距离较远，可能导致较高的传输成本和较长的延迟。无线分布式基站可以将基站更靠近终端用户，减少传输距离，降低传输成本和延迟。

4. 用户体验和容灾性

无线分布式基站可以提供更好的用户体验，减少网络拥塞和信号质量问题。此外，无线分布式基站的部署方式还可以提高网络的容灾性，当一个基站出现故障时，其他基站可以提供备份服务，保证网络的连续性和可靠性。

而从市场角度来看，华为以前的固定通信程控交换机在 2004

年之后销售下滑，因为固定电话数整体增速放慢，市场饱和，只剩下移动通信在高速发展，如图 2-1 所示。而当时的华为在无线产品上几乎没有太多销售，增长瓶颈凸显。

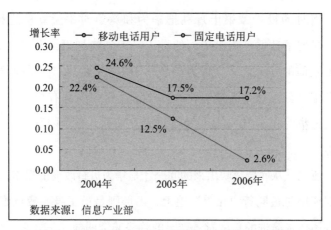

图 2-1 2004—2006 年移动电话与固定电话用户增长率对比

更重要的是，与华为业务类型相同的中兴要追上华为了。1997 年，华为的销售额为 41 亿元人民币，中兴的销售额是 6.3 亿元人民币，而到了 2004 年，华为的销售额为 317 亿元人民币，中兴也已经达到 227 亿元人民币。两家公司的竞争颇为激烈，因为产品同质化，价格竞争激烈，谁也没有竞争壁垒。尤其在当时，通过低价竞争，总有价格更优惠的跟随者。

2004 年，华为的一位产品线总裁向下属传达了华为高层开会的信息，华为的营收要在未来几年增长到 400 亿美元，而这一年华为的营收只有 317 亿元人民币，按当时的人民币汇率计算，400 亿美元营收合人民币 3200 多亿元。多数员工非常困惑，不理解老板怎么规划的，更不知道400亿美元的目标如何达到。因为当时华为的固网交换机依然属于中低端产品，市场也快要饱和了。400亿美元在员工眼里是个天文数字。没什么人跟老板提反对意见，但员工也不知道如何执行，达成路径是怎样的。

当时的投行摩根士丹利把华为和竞争对手爱立信进行对比，罗列了数据，指出华为的员工一天到晚加班，人均效益只有爱立信的三分之一。华为产品属于中低端，人工贡献利润也不及爱立信。这个人效对比数据出来，华为内部有相当一部分人认为华为在5~10年是竞争不过爱立信的，整个团队士气很是低落。

所以，从底层反映出来的问题才是华为进行改变的根本原因。外部环境是被同行"兄弟"追上，内部则是员工身心疲惫难安，从市场技术演进的角度看，当时的趋势非常明显，华为必须打一场硬仗，进入欧洲高端市场。

当时荷兰有一个很小的运营商，只有几架基站，欧洲的大公司都不愿意做这笔生意，电信巨头爱立信更是对其置之不理。华为却心甘情愿，投入技术、人力、物力、财力，把这当作一个机会，为这家运营商单独开发定制产品。华为看到的是这款产品在欧洲的普遍性需求——解决欧洲基建普遍薄弱，获取站址工程施工困难的问题。这次意料之外的"机遇"，为华为打开了欧洲市场的大门。两年后，通过这款产品，华为的无线分布式基站敲开了欧洲第一大移动运营商沃达丰的大门。

简而言之，2004年的华为就像掉入米缸的老鼠，如果不选择打这场硬仗，困局会越来越大，越往后越难跳出米缸。而事实是，尽管华为成功推出了无线分布式基站这款产品，但挑战并没有完结。

当时华为想要进入美国市场，但美国从那个时候起已经开始严厉禁止华为，大力扶植爱立信，对抗华为。华为通过无线分布式基站这一仗，开始进军手机市场，一开始依旧沿袭了先做中低端产品的路径，从做贴牌机开始，刚开始还有利润，能够养活自己，但随着市场竞争者越来越多，低端手机市场厂家越来越多，手机业务也开始亏损。2010 年，华为运营商业务已经全球第一，2010 年财报发布后，华为确定已经超过爱立信，但仍面临巨大挑战，这才有了余承东那个著名的比喻：米缸里的老鼠。

无线分布式基站的成功，为华为奠定了旗舰产品胜利的团队基础，同时也让华为进入了一个稳定增长的时期。而华为也在很早就进入了手机市场，但手机业务在很长时间内的定位都是配套终端产品。

华为手机的旗舰突破同样经历了实战的历练。2012 年，华为在三亚召开会议，任正非在会上提出一个严峻的议题，让大家讨论要不要大力投入手机，做高端手机。同时，他也给参会人员讲了一个很残酷的事实，那就是世界上还没有哪家企业同时做 2B 和 2C 能做成功的。在华为内部，这也引起了很大争论，华为之前做 IPD 成功都是 2B，那么 IPD 是否适用于 2C，没有人可以肯定，这需要再次验证。但有一个问题参会的人员已经有了自信和共识，华为当时打下无线分布式基站这一仗是余承东打赢的。余承东说，华为要再打一场硬仗，一定要有这个信心，华为做什么都能做到世界第一，这一仗，打就是了。

一定要打高端市场

纵观华为早期的发展历史，可以发现一些有趣的事情。1995年之前，华为是面向电信局的电信设备供应商，产品多是一些小型交换机，主要供给一些医院、学校和小公司，技术门槛不高。当时的市场拓展方式也主要靠业务员个人与客户的关系，通俗讲就是靠业务员喝酒，搞定一些采购关键人，酒喝好了再往下谈。

但这样企业的发展会被困在很小的市场格局中，注定无法走向强大。

2006年，华为从低端做到高端，已经超越了全国成千上万的小厂家，国内当时也只剩下"巨大中华"（巨龙、大唐、中兴、华为）这四个厂家，华为从边缘小市场真正进入了主流大市场的竞争。

2006年，华为开始甩开竞争对手，快速拉开距离，在这个过程中，华为经历了两场关键之仗。而这两场关键之仗帮助华为从米缸里跳了出来。跟华为竞争的另外两家中国的电信企业则成了反面案例。

打硬仗，打出市场效果

华为在集中力量研发无线分布式基站的时候，国内的 UT 斯达康抓住了一个机会，这家公司当时的主营业务就是曾经无人不知的小灵通。

小灵通在刚刚推出的时候，为 UT 斯达康贡献了非常高的营收，2002 年 UT 斯达康利润达到了 1.08 亿美元，同比增长 89%，股价也翻了三倍，市值达到 260 亿元。2002 年，UT 斯达康被《商业周刊》杂志评为全球 IT 企业 100 强。因为种种原因，UT 斯达康 3G 技术研发进行到一半就放弃了，而放弃 3G 技术的结果就是 UT 斯达康错失了接下来 10 年的发展空间。2014 年，风靡十余年的小灵通彻底退出中国市场，UT 斯达康也成为一家主营宽带业务和媒体运营服务的"小"公司。截至 2023 年，UT 斯达康在美股的市值也只剩下 0.31 亿美元左右。

另外一家是波导公司。

波导 1999 年就获得了国家手机生产牌照，属于全国首批。在 20 世纪开始的 6 年里，波导手机一直保持销量第一，一直到现在人们还对波导手机的广告语耳熟能详——"手机中的战斗机"。

2004 年，手机市场竞争日益激烈，2005 年，国家取消审批制，启动手机生产核准制。之后手机业务开始受到华强北产品，以及诺基亚、摩托罗拉的冲击。而当时的汽车产业显现出了重大发展机遇，波导的创始人徐立涛眼光独到，认为手机市场红利已经消失殆尽，投资的重心要转移到汽车上去。波导做了一个重要的决定：退出手机市场。2022 年，波导的主营业务以代工为主，营收不超过 5 亿元。

UT 斯达康和波导两家公司的选择与华为在关键时期的路径选择完全相反。华为从 1995 年开始，可以说是一个旗舰产品带动形成一个市场格局，一场硬仗开辟一个主要战场。当然，与华为定位相同的中兴，当时也选择了迎难而上，在主流市场搏杀，但是没能向上突破，一直在中低端跟随。华为则通过打硬仗打出了市场效果，打进了高端市场。

打硬仗，打出团队自信

每个企业发展到一定阶段都会遇到瓶颈，想突破瓶颈就需要破局。而破局的最好办法就是，坚定信心，迎难而上打一场硬仗。

在商业战场中，企业发展起起伏伏，每个行业环境都很残酷。早期的华为，效率只有爱立信的三分之一，原因就是华为当时的局用交换机市场饱和，赛道"老破小"，没有了增长空间。这种情况下还要在这个赛道不断投入，效率低是正常的，华为要破局，就必须去新的有增长空间的赛道拼杀。

华为 2004 年定下未来几年营收做到 400 亿美元的目标，全公司从上到下多数人都不理解。2011 年，华为无线高端市场取得巨大胜利，之后没有人再怀疑 400 亿美元的目标。所以说，团队自信是靠一场场胜仗打出来的。

刘禹锡有诗言："沉舟侧畔千帆过，病树前头万木春。"

行业是残酷的。对于多数的企业家而言，只要有一款成功的产品，只要在某一个时期绽放高光，就能在商业史的长河中留下自己的名字。但对于一家企业来说，只有持续不断地成功，持续不断地增长，持续不断地寻求突破，才能存活。而很多企业之所以消失，很大程度上就是因为在面对困难时，不敢打，或者不敢投入，导致打不赢就消失，成了沉舟或病树。一家企业只有敢打，打赢了才能继续往前走。商业的长河就是千帆尽过，万物生春，没有人会记住那些沉掉的船。

作为员工只需要考虑工资是否准时发放，而企业家则需要时刻保有危机意识。而危机感之下，必须用打一场又一场的硬仗来克服掣肘。

战场选择：一切为了增长

旗舰战法首先要做的就是战场选择，企业要选择有潜力的市场。不同企业在不同时期都有不同的战略选择，就像波导面对手机红海市场的时候选择了汽车产业一样。从 2001 年开始，华为内部也遭受了经营压力，市场泡沫显现，现金流吃紧，当时华为把一个做通信电源的部门卖给了美国艾默森公司，获得了 7.5 亿美元现金，度过了当时的危机。

压强原则

2003 年，全世界都看到 3G 是战略机会点，这是未来的技术发展趋势。当然，技术发展并非只有这一条路，从商业角度来说，小灵通也是一次很好的机会。

小灵通这项技术其实是日本开发出来的，但在日本推出后并不受欢迎，还被称为"穷人的蜂窝"。主要就是因为它的基站覆盖范围很小，很容易信号效果不佳，但胜在资费便宜。

小灵通的建设成本远远低于传统 2G（GSM），所以才资费便宜。

当然，除了资费之外，小灵通还有一些显著的优点。

环保是小灵通一个很大的优势，其终端的功率只有 10mW，一般的 2G 终端是 1W 左右。小灵通基站功率是 500mW，2G 基站是 20W。所以，使用小灵通打电话，不会觉得手机发烫，也不会像 GSM 那样打久了头晕眼花。小灵通被中国人买断技术，引入中国，2004 年 4 月用户量达到 4700 万，2005 年 9 月达到 8127.5 万，

2006年10月进入历史顶峰，用户量达到9341万。

　　小灵通的主要供应商UT斯达康在华为日子难过的时候，收益非常好。当然，面对作为应对未来技术的发展储备，UT斯达康对3G技术也投入重资。尤其是2003—2004年UT斯达康鼎盛的时候，2年时间内进行了4次十几亿元人民币的收购，建立了3G数据传输设备、基站设备、核心交换设备以及手机完整的产业链。问题出现在2005年，小灵通的销量增长下滑，虽然2006年用户数达到顶峰，但已经不太赚钱。2006年，UT斯达康做了一个惊人决定，退出3G业务，自此彻底走上了消亡之路，2011年国家工信部下达要求，小灵通不仅已经技术落后，还会影响GPS（全球定位系统），考虑到3G频谱资源的紧张性，小灵通退网成为必然。

　　小灵通业务鼎盛的时候，华为正在过苦日子。

　　"当时华为公司处于很大的生存压力中，在那种情况下，我们还是聚焦做2.5G和3G标准产品。这个过程经历了8年，内部有很多人都在写报告要做小灵通，他们是想多赚一点钱，觉得小灵通很简单，完全可以上。我每看到一次报告，就会经历一次内心的纠结折磨，痛苦得无以复加，可能抑郁症也是那个时候变得严重的。"作为华为的掌门人，任正非曾几次谈到小灵通，他表示自己为此承受了巨大的痛苦和压力。毕竟他作为企业的老板，必须对所有员工负责，如果公司因为他的判断失误而失败，那他就难辞其咎了。否决小灵通让任正非在近10年时间里遭受着抑郁的困扰，他在内部讲话时承认，没有料到小灵通会有超过5年的连续投资周期，尽管不符合长期战略，但是能够赚钱的机会。

2003 年，华为成立了两家合资公司：华三通信和华为三康，在资金紧张时华为又将这两家公司的股份进行了出售。2006 年，华为的无线 3G 取得重大突破，但因为 3G 牌照迟迟不能发放，导致华为的经营持续承受压力。在卖掉华为三康和华三通信之时，2006—2008 年华为又筹备华为赛门铁克公司，并以技术和人员入股，占股 51% 取得控制权，为后续业务做长远谋划。2008 年奇迹发生，华为业务增长突飞猛进，2010—2012 年，运营商业务快速登顶全球市场。

回头看华为的业务发展历程可以发现，战略投资不是只靠眼光。或者说，如果只通过战略眼光去做投资决定可能就没有今天的华为了。市场上的战略机会非常多，在战略眼光之外，最重要的如何打赢一场又一场硬仗。

2011 年 10 月 31 日，任正非在听取无线业务的汇报时，对下属团队做了一篇题为"力出一孔，要集中优势资源投入在主航道，敢于去争取更大的机会与差距"的讲话，他指出："我们要力出一孔，力量从一个孔出去才有力度。我们'利出一孔'要做得比别人好。但是我们的'力出一孔'做得不好，研发的力量太分散，让竞争对手赶上来了。每一个产品线、每一个工程师都渴望成功，太多、太小的项目立项，力量一分散就把整驾马车拉散了。"

任正非总结了压强原则："我们公司是投资有限、技术有限……样样都有限，如果我们做一个很宽的面，一定不可能成功。我们就像'针'一样，盯死一个地方，针是可以戳进去的。用了这个压强原则，我们把它比喻成攻克一个'城墙口'……，每年炸这个'城墙口'的'弹药量'已经超过了 200 亿美元……"

所以，在华为内部，压强原则也被称为"针尖战略"。华为从小到大，从弱到强，一直奉行的就是压强原则。

"压强"，是指在某一个具体的领域或方面，通过足够的资源配置，从而达到相对优势，即使不能在全局胜过竞争对手，也要在某一个竞争领域超过对手，从而实现重点突破，并以点带面，逐渐实现业务的全面推进。要做到这一点，最关键的，是处理好取舍的关系。

华为一旦认定某项技术未来的市场空间大有可为，利于推动华为在较长时期内的持续发展，就会采用集中投入资源进行开发的"压强战术"。

任正非说："我们是一个能力有限的公司，只能在有限的宽度赶超美国公司。不收窄作用面，压强就不会大，就不可能有所突破。"

所以，华为在面对美国的芯片制裁时，要在营收下滑的情况下，顶着压力加大研发投入，寻求突破。事实也证明，只有聚焦并压强投入，才能成功。

同样，2023年，华为在新能源汽车市场如火如荼高速增长的时候，明确发文华为5年内不会自己造车，但华为会帮助汽车公司提升技术平台的水平，改善中国汽车的用户体验，将研发实力发挥到极致。在这个领域，华为具有更广阔的市场空间，能够支撑中国新能源汽车走向更大的世界市场，这要比华为自己造车，并树立一堆直接竞争对手看得更长远。

压强原则就是战略原则，力出一孔就是战略方向，聚焦主航道就是战略背后的取舍。

只有导向成功的压强原则才有说服力，因为老板考虑问题的思路和普通员工不同。在普通员工眼里，所有的机会都很好，只要给我资源我就能获得增长。但老板面临一个问题，资源有限，只能攻破一个山头，该如何确保这一场硬仗能赢。所以，当员工在疑惑老板为什么不投钱的时候，老板在想要在什么市场达成第一。这就是企业家的战略意图，也是企业需要专注、聚焦、加持与执着的原因，也是伟大的企业与普通企业的区别。

放一枪、打一炮

企业打仗首先要投钱，投资是企业家的事情。

从旗舰产品投资的角度，最核心的是企业家要有战略定力，但不能完全依赖个人战略眼光。企业的战略洞察需要依赖一些工具，华为常用的就是 BLM（业务领先模型）战略到执行模型，也称为领导力模型（图2-2）。

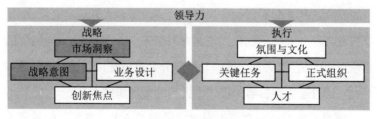

图2-2　领导力模型

市场洞察就是回答哪里有机会。当员工拿着投资报告要求老板投钱的时候，老板如何决策，又该如何回答？老板认定了机会，又如何设定未来的战略目标？

2006—2008 年，华为筹备成立了华为赛门铁克。当时华为看到了一个市场机会，通信市场即将饱和，全球 1000 亿美元的市场，华为已经占了很大的份额，继续提升存在瓶颈。这个时候，华为的高层拿到了一份网络安全市场咨询报告，报告显示全球网络安全市场接近 1 万亿元人民币，按当时汇率换算成美元将近 2000 亿，这个市场比通信市场更大。

　　而华为赛门铁克就是一家专注于网络安全领域的公司，这是一家合资公司，不过华为最初并没有投入资金。赛门铁克合资项目组的领导要求员工筹划一个大商业计划书，对公司的网络业务战略进行谋划，并计算将来可以做到多大的市场份额，华为应该对这份战略规划投资多少。

　　合资项目组虽然知道计划书应该将市场目标向上设定，但根据华为当时的业务能力和产品组合，经过严密的分析对比，项目组得出结论，市场看起来非常广阔，但预期并不理想。1 万亿元人民币的市场规模没有那么容易做，背后的原因非常多，有行业市场问题、品类问题、设备规格问题，也有个人业务、企业业务、政府业务等方面的问题。而华为在网络安全方面只有一些小产品，规模只有 1 亿~2 亿元，另外有一部分渠道虽然可以接触，但难度很大。经过这一番拆解，报告中提到的市场所剩无几。

　　项目组在向公司高层汇报时，设定了一个"务实"的投资汇报目标，赛门铁克要在未来 3~5 年时间里将网络安全业务体量增长到几十亿元。

　　汇报完之后，负责项目投资的华为高管徐直军直接在项目计划书的目标数额后加了一个"0"。几十亿的目标成了几百亿，一下变成原来的10倍，项目组成员彻底傻眼。但没有相关领域基础的项目组成员也接受了华为内部专家的建议，通过对3~5年的目标进行分解，据此进行产品规划、渠道建设。

在进行商业计划审查时，华为用了摩根士丹利的审核原则，即目标制定背后的每一个结论都要有数据支撑，每一个数据要打开三次：第一次，要达成多少市场份额；第二次，通过哪些产品达成这些市场份额；第三次，产品如何达成份额增长，每一年增长多少才能完成目标。而这些数据也是战略目标达成的关键。

根据BLM模型，SP/BP（战略规划/年度经营计划）是通过严谨的市场洞察，"五看三定"，详尽汇总机会点得出来的数据。徐直军却在此基础上直接多加了个"0"，那这个数据还有价值吗？为什么要这么干？

或许徐直军在定下几百亿目标的时候未必完全了解市场，而华为赛门铁克的项目成员也未必完全相信自己的战略规划。每家企业都是根据自身的状况选择细分市场，对于很多企业来说产业空间100亿元人民币可能刚刚好，但对华为来说，产业空间低于100亿元人民币，体量就太小了。

不过老板毕竟是老板，起码的方向感知是有的。老板多加1个"0"，员工团队去琢磨怎么打。徐直军认为1万亿元人民币的市场，只有几十亿的目标是不行的，必须有几百亿的目标。老板如果不拍一个目标，那么就失去了集团投资这一业务的战略价值。

回过头看，到底是先洞察还是先战略意图呢？以上案例给出了回答，显然是先有战略意图牵引，用洞察去深入分析和验证，并根据战略意图的目标匹配资源，这是一种以终为始的思维逻辑，也常常与教科书上的说法相悖，但非常有效。

那么，在具体执行中是否要一下投资到位呢？答案是否定的，需要先打一枪看看有没有鸟，经过了验证，再放一炮，多投入一些资源。所以说产品战略是在战略意图的牵引下，通过不断洞察和验证进行迭代的。

创新的焦点

每家企业都会面临不同的业务机会点，图 2-3 是企业的创新焦点图，图中共有三条曲线。

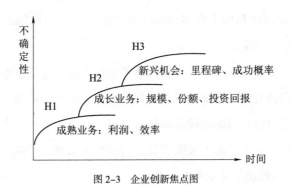

图 2-3　企业创新焦点图

企业最开始都有传统的优势业务，没有这个基础企业就不可能持续发展。对于华为来说，2006 年之前，交换机就是第一条曲线（H1）。第二条曲线（H2），决定了一家企业未来几年的增长，一般来说是企业的成长业务，在规模、份额、投资回报方面有很高的要求。第三条曲线（H3）则是新兴业务，这部分看中未来的发展空间。例如，华为赛门铁克看中的网络安全领域，通过合资的方式成立公司，先打一枪，再决定是否投入，何时投入。这三条线所对应的 H1、H2 和 H3 业务有着不同的增长特点。

H1 业务通常是企业的核心业务。一般来说，H1 业务的增长受到市场需求、竞争态势和技术创新等因素的影响。在成熟市场与饱和行业中，H1 业务的增长可能相对较稳定，主要通过市场份额的增长和市场维持来实现。

H2 业务通常是对 H1 业务的支持和补充，其增长特点多与 H1 业务的发展紧密相关。很多时候，H2 业务的增长取决于 H1 业务的规模和需求。当 H1 业务增长时，H2 业务可能会跟随增长，提供更多的支持服务和资源。

H3 业务则通常是企业的战略规划和业务扩展，其增长更加长远，更具战略性。H3 业务的增长可能不仅依赖于当前的市场需求和竞争态势，而更着眼于未来的发展机会，涉及新市场的开拓、产品创新、合并收购等方面。H3 业务的增长通常需要更多的投资、更长的时间周期和更多的风险承担。

一家企业要持续增长必须考虑 H2 业务，把 H2 业务变成 H1 业务，就会带来高增长，然后再把 H3 业务变成 H2 业务，企业就会持续高增长。来看下面的案例。

2006 年，华为分布式基站已经在欧洲市场实现了规模化突破，成功进入高端市场。通信行业相较于手机行业，算是一个比较老的行业，但从业务机会来看，华为当时有网络安全和无线通信两个机会点。这两个领域看起来相关，选择背后的逻辑却完全不一样。

2006 年，华为考虑在三年之后把赛门铁克卖掉。2011 年，华为成立了决策评估组，又出人意料地以 5.3 亿美元的价格把赛门铁克 49% 的股份重新买了回来，尽管评估组觉得这个价格非常不值得。

分析背后的投资逻辑，2006 年的华为无线通信还是属于 H2 业务阶段，能够决定华为未来相当一段时间的成长空间和成长质量。把 H2 业务打透，让 H2 业务迅速成为增长引擎，变成 H1 业务，需要大量的投入，也就是任正非说的"范弗利特弹药量"，即用惊人的弹药配置（5 倍以上），在关键的目标山头打透。尽管 2006 年华为无线通信的 3G 业务已经在欧洲实现突破，但还没打透，仍然在高速增长。另一个机会点网络安全业务被认为是 H3 业务，并非当时的主航道，所以华为卖掉了赛门铁克，准备将获得的现金投入在主航道无线通信上。因为如果这一块市场不能稳固，就随时有可能被别人占领。

2011 年，华为无线通信在主战场上取得胜利，成为欧洲市场份额第一，也赚取了行业的大部分利润，腰杆子硬了。这时候，华为就考虑到下一个增长点，赛门铁克也就顺理成章地买了回来。

抓住机会需要有战略眼光，战略定力则是企业高质量增长的关键。H2 业务的成功是企业持续增长的基础，但很多企业在 H2 业务上都投入不足，而是把投资均摊到多个机会点，导致每个机会点都得不到充分的投资，增长就只能靠运气了。

所以，即使机会很多，也必须用有限的资源聚焦主航道方向。所谓创新的焦点就是用足够多的投入，撕开一个口子，让 H2 业务成功，企业增长也就有了保障。

旗舰投资：长坡、厚雪、宽河

从商业成功的角度来说，旗舰产品有卖得多、赚得多、拉得动以及战略控制点这些特点。除此之外，旗舰产品最大的特点是具有持久的生命力，能够在战略层面持续迭代，不断演进，进而帮助企业获得持久的竞争力。

一家企业要想基业长青，甚至打造百年基业，根本上也需要不断选择战场，演化迭代。持续迭代是可持续成功、可持续竞争的秘密，几乎所有连续成功的商业案例，都是持续战略演化迭代的结果。

比如：IBM 从大型机到计算机，从智慧地球到云服务和人工智能战略；阿里从大淘宝战略、大阿里战略到 ALLIN 移动战略，再到云计算战略和数字化战略；亚马逊飞轮战略从电商到会员服务体系，从物流和供应链管理到云服务和数字化，都是不断演化迭代、持续进化的结果。

华为的成功是执行力的成功，也是战略的成功。战略是选择战场方向，那到底怎么选呢？

通过图 2-4，可以发现：从 C&C08 交换机开始，每一代旗舰产品都能帮助华为获得一段持续的、波澜壮阔的增长。甚至可以说，华为的增长史，就是一段旗舰产品持续突破市场的战斗史。

比如，为了突破欧洲市场，余承东带领无线团队打造出分布式基站。凭借这款旗舰产品，华为成功打入欧洲市场，进而在全球市场攻城拔寨，获得了超过 45% 的市场份额。这款旗舰产品也助华为的 2B 业务获得了超过 10 年的持续增长。

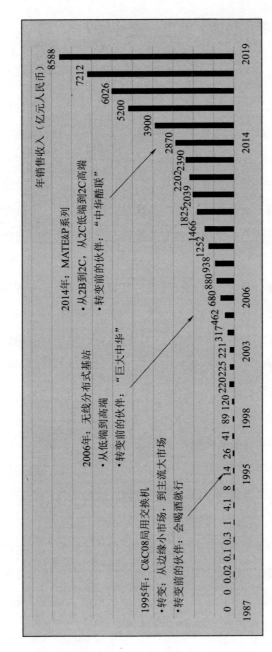

图 2-4　华为产品驱动业务增长全景图

选择战场是投入旗舰产品的基础，那如何选择战场，在哪个地方投入资源做旗舰产品呢？下面借助 B 公司（波导）2004 年的 SPAN（战略定位分析）图（图 2-5）情况进行分析。

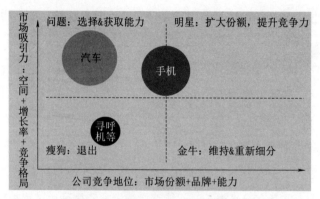

图 2-5　B 公司 2004 年产业投资 SPAN

从图 2-5 可以看出，B 公司最初是做寻呼机的，但 2004 年寻呼机业务已经没有市场吸引力，在一个低增长市场占据低市场份额，显然无法实现利润增长，这是需要退出的市场。

当时，波导是国内手机市场的头部玩家。当时的市场没有完全放开，生产手机需要先有牌照。后来，国家取消牌照，改为准入制。一面是华强北中低端制造崛起，另一面是国外品牌从高端向低端市场拓展业务，手机赛道竞争加剧，波导当时开始考虑汽车这个更大的产业。事实证明这是一个错误的选择，波导不仅没在汽车产业获得成功，连最基础的手机业务也搞砸了。所以波士顿矩阵的横轴仅仅考虑市场份额是不够的，还要综合企业自身的研发能力、渠道能力、品牌能力。

总结一下，华为每一款旗舰产品的战场选择，简单概括呈现出三个特点：长坡、厚雪、宽河。

巴菲特有句名言："人生就像滚雪球，最重要的是发现湿雪和长长的山坡。"他是用滚雪球来比喻长期投资背后财富增值的逻辑。资本投资和企业的选择逻辑不完全一致，但本质上存有一些相通之处。

"长坡"，是指旗舰产品需要选择一个好的赛道，行业发展空间巨大，企业发展的天花板足够高，行业生命力持续性足够长久。当然，不同的行业，"长坡"可以衍生的解释也各不相同，有些可能从政策层面，有些可能从人口层面，有些可能从技术发展趋势层面等。而好赛道大体离不开"新技术、新产业、新业态、新模式"等，并且在未来很长时间能够持续增长和盈利。这跟查理·芒格说的"在鱼多的地方钓鱼"是一个道理。

"厚雪"，是指旗舰产品选择的赛道要有厚厚的雪，有足够的利润率。这些赛道往往是蓝海业务，竞争不够激烈，这样企业才能持续投入资源，避免在红海市场上厮杀。

"宽河"，是指较宽的护城河，较高的进入门槛，较强的核心壁垒。巴菲特曾在致股东信中指出："一家真正伟大的公司必须有一条坚固持久的护城河，保护它的高投资回报。资本动力学决定了竞争对手会不断进攻那些高回报的商业城堡。"护城河越宽越深，竞争壁垒越多，竞争优势越持久。从企业整体运作的角度分析，竞争壁垒可以包括技术、品牌、成本、文化、规模等。这里说的竞争壁垒主要是产品层面的竞争壁垒。

第三章
旗舰出击　组合收割

一点突破，两翼展开

旗舰产品不是一款产品，而是一个系列。所谓的"一点突破，两翼展开，组合收割"，就是用一款旗舰产品突破市场，用组合系列产品全面收割市场，做到全面突破，形成胜势。

战场上，需要有一支尖刀队伍撕开一个突破口，这样两翼部队就可以快速压上，并控制局面，不断扩大战果。具体到产品策略上，面对竞争激烈的市场，企业需要通过旗舰产品在某一个细分市场打开突破口，拉升品牌影响力，形成市场格局，进而打开整个市场。

来看一个 TCL 旗舰产品突破的案例。

TCL 是传统的电视机制造企业，整个行业规模巨大，在产业结构上，TCL 虽然已经位居全球前三，但还有大量的市场未触及，尤其是高端市场。

从图 3-1 可以看出，TCL 的产品主要集中在低端，中高端产品的份额极小，产品结构基本呈现为倒丁字形。对此，TCL领导者层面也有深度的共识，产品的结构必须改善，才能持久发展。原因很简单，只有改变产品结构，才能改善产品的经营利润，早日从"米缸"里跳出来。如何改变产品的结构呢？TCL从公司层面把目标下发给国内和国外两个BG的负责人，给他们的具体经营任务是，要从营收利润到产品结构进行全面的考核。

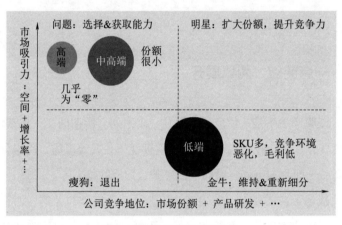

图3-1　TCL2020年产品组合图

对于这两位负责人来说，BG虽然以销售为主，但很少有公司对销售考核得这么精细。BG有营收、利润、产品结构的指标，两位负责人面临极大的销售压力。一方面，需要在低端加大力度拓展各种市场机会，强化产品要求，继续推高销售额，但低端产品本来毛利就低，还需要控制好成本，不然营收目标基本上保不住。另一方面，中高端产品不给力，销售乏力。这看似成了一个无解的难题。

通过销售拉动增长看似是最常规、最正确的方法，但在产品结构不改变的情况下，根本无法打动高端市场，促销一搞再搞，成效只会越来越差。

2020—2021年，TCL进行了变革，做了一个非常重要的改进。第一，TCL实业的总经理杜娟向集团申请了一个考核目标导向，表示TCL营收已经够多，位居全球第二，请求董事会不要再考核营收，而是要保证利润提升。第二，TCL不再单独依赖销售团队提升销售额，同时，TCL升级研发团队为产品团队，成立三个承担业务经营责任和产品竞争力责任的组织SPDT（集中产品开发）。2022年TCL的产品组合如图3-2所示。变革要提前看清楚重要的市场，规划好针对性的产品，提升产品竞争力。但是，SKU短期不能大幅消减，而是需要做好产品组合，增长要控制并导向中高端产品。

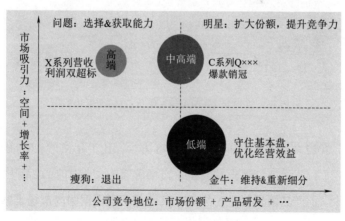

图3-2　TCL2022年产品组合图

变革的结果就是 2022 年，TCL 的利润实现超额增长，其中高端 Q 系列产品，历史上第一次成为"6·18"的销量冠军（图 3-3）。2023 年 6 月 18 日，TCL 有 8 款产品（雷鸟为 TCL 旗下品牌）占据了 MiniLED 榜单的前 10 名。

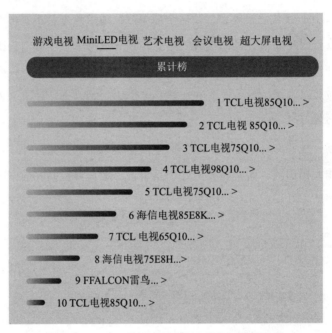

图 3-3　2023 年 5 月 31 日至 6 月 18 日京东家电竞速榜

2022 年，TCL 智屏在出货 2378 万台，比上年微增 0.8% 的情况下（行业大盘负增长 12.9%），市场份额杀入全球前二。而其 75 英寸以上产品销量猛增 4 倍，98 英寸超大屏占据国内市场半壁江山，MiniLED 电视销量增长近三成，占到全球市场的 18%。而在线上市场实现重大突破后，TCL 一举跃升为线上销量、均价和品牌指数的三冠王，X（高端系列）、C&P（中高端系列）销量占比由 2021 年的 10.3% 提升至 2022 年的 16.6%，利润占比由 2021 年的 −46.2% 提升至 2022 年的 65.5%；TCL 电子归母净利润同比大增 102.4%。

上面 TCL 的案例就是通过 Q 系列旗舰产品实现突破，同时带动全局增长、利润提升的典型。这个跟当时华为进入欧洲市场的策略如出一辙，因为 TCL 在选择细分产品时也是把高端产品瞄准了几个核心市场做突破。

旗舰产品，从增长方式的态势看，就是一种更合理、更高效率的产品组合方式。这个方法论非常简单，从深入细致的市场洞察开始，确定战略意图，找到市场空间，确定资源的排序，然后进行合理的业务设计。

企业选择是以格局确定方向，销售额增长不能依靠一个支点，同时，企业也不能到处找支点，一定是聚焦在旗舰产品和明星产品上，然后陆续展开。

宁要一个明星产品，不要一堆问题产品。明星产品或者潜在的明星产品，不一定是最高端，也不一定是营收最高的产品，但肯定是赚钱且具有市场吸引力的。

要增长也要市场格局

2012 年，华为的终端手机业务下定决心要转型，一个必然的选项就是突破高端市场。

如何突破高端市场？华为面临着两座似乎不可逾越的大

山。当时市场上的高端手机份额基本被苹果和三星瓜分，苹果的iPhone5 和三星的 GalaxyS3 都是很有竞争力的旗舰产品。华为内部确定了高端提升战略，从低端产品向高端产品迈进，一个很现实的任务就是产品创新，摆在华为面前的挑战是如何从两大巨头的虎口夺食。

而突破的关键就是确定市场细分策略。

华为首先推出的产品叫 Ascend P1 手机。这款产品瞄准手机高端市场，操作手法是"照葫芦画瓢"，参照行业内最高端手机配置，拆分技术参数后进行全面对标。华为内部称之为"抄作业"，在抄的过程中就出现了一个问题。

Ascend P1 手机对标的手机都有很高的品牌溢价，当时 iPhone 5已经卖到 6000~8000 元，Ascend P1 的定价缺乏自信，最终定价在3000 元左右。这样的产品定价，性价比非常高，不过也压低了利润，因为这款产品的技术要求很高，都是按照最高标准来的，这就导致了成本高企。

更现实且残酷的问题是，当时 3C 数码产品的销售渠道还主要是苏宁、国美、永乐、迪信通等线下渠道，类似小米的线上销售还未在所有品牌中普及。但这些主流渠道都不愿意卖华为的这款产品，认为 3000 元的手机很难卖出去，因为华为给人的印象是 1000 元的价格段占主流。这导致 Ascend P1 名义上是对标苹果、三星的高端机，却没有面向高端的销售渠道，最终销量异常惨淡。

硬碰硬直面竞争不行，只能避开正面战场，从细分市场找机会，找到差异点，用差异化寻求突破。

当时的市场有一个趋势，就是大屏手机卖得很好。华为通过进一步调研发现，商务人士对手机屏幕尺寸、续航时间等的需求也逐渐显现，而续航时间短、屏幕太小是苹果手机的短板。华为团队敏锐捕捉到这些需求，发现了细分市场的机会，认为这一细分市场容易做差异化。

2013—2014年，确定了大屏的需求，华为推出Mate1和Mate2，相比Ascend P1惨淡的销量，这两款手机有了明显提升。但从产品力的角度来讲，Mate1和Mate2并不是顶尖水平，也没能真正把细分市场打爆，年销量仅为几十万台，这对于当时华为的体量来说，还不足以"养家糊口"。

值得庆幸的是，Mate1和Mate2系列产品为华为手机积累了宝贵的财富，为一代旗舰产品Mate7的诞生奠定了坚实的基础。当时，华为手机产品线副总裁李小龙曾说："Mate1和Mate2为我们攒下了千金不换的财富——一群忠实的消费者。通过用户调研，我们可以这样描述他们：多数是职场精英。他们对手机的需求是什么？长续航、大屏幕、高性能、屏占比要大、外观要显得稳重……"

有了Mate1和Mate2的优秀基因，华为团队快速迭代，对商务任务及其适用场景进行深入研究。2014年，华为Mate7横空出世，快速占领目标用户的心智，打响了华为手机品牌的知名度，帮助华为撬开了高端手机市场的大门，实现7年手机业务收入达4000亿元人民币。

手机命名之所以从Mate2直接跳到Mate7，主要是因为要力压iPhone6一头，当然这是营销层面的技巧。还有一个原因是，华为对产品有信心，觉得找对了方向，这群消费者很有购买力，市场够大。

回头来看，如果华为继续"抄作业"，完全以功能或性价比的方式去对标 iPhone6，且寻求价格的优势，以低价格、高性价比打市场，大概率会撞得头破血流。

如果华为当时依然全面对标苹果，产品、品牌、渠道、服务等，什么都是跟随策略，大概率只能做到二流，最终结果就是产品卖不掉，成为积压的库存。因此好的办法是要产品聚焦，洞察这个产品到底打哪个客户群，能不能真的打爆。

再来看理想汽车的案例。

2019 年，中国汽车市场 30 万元以上的车的销量，国产汽车品牌几乎为零。从表 3-1 可以看出，30 万元以上价位段的汽车的市场表现包括整体份额及销售占比、利润等都非常不错，处于一个制高点，但实则挑战难度很大。因为这个价位段的汽车基本上被国外品牌占据。国产汽车的品牌众多，产品价位多集中在 20 万元以下。对于一个新出道的国产汽车品牌来说，要想找到一个突破点，要从哪里下手?

表 3-1　2019 年中国汽车市场价格分布

价格段	豪华品牌	合资品牌	中国品牌燃油车	中国品牌新能源
50 万元以上	3.3%	0.5%	—	—
45 万~50 万元	1.5%	0.3%	—	—
40 万~45 万元	3.0%	0.2%	—	—

价格段	豪华品牌	合资品牌	中国品牌燃油车	中国品牌新能源
35万~40万元	2.9%	0.4%	—	—
30万~35万元	3.4%	1.1%	—	—
25万~30万元	4.2%	2.8%	0.1%	0.2%
20万~25万元	1.1%	8.2%	0.3%	0.2%
15万~20万元	0.7%	15.6%	2.2%	0.3%
10万~15万元	—	20.0%	8.6%	0.4%
5万~10万元	—	6.2%	10.6%	0.4%
5万元以下	—	0.3%	0.9%	—

数据来源：汽车之家线索数量

后来，理想汽车把自己的产品定位在30万元以上，甚至有车型的定价达到了40万元以上，要做中大型SUV。理想汽车为什么这么做呢？

CID消费者智库数据显示，地区市场车型偏好不尽相同，但中型、中大型SUV是消费者共同喜欢的。在人群划分上，购买新能源汽车的消费者年龄以35~44岁为主，与汽车消费群体整体相比，年龄偏大。理想汽车给这个人群定义了一个标签——"奶爸"。

所谓奶爸，通常是那些在家庭中主要负责照顾孩子和做家务的父亲，他们有如下特点：

（1）关注家庭：奶爸非常注重家庭生活，重视与孩子和伴侣之间的互动。

（2）照顾孩子：奶爸在孩子的成长过程中扮演了重要的角色，他们参与孩子的日常护理、教育和成长。

（3）灵活性和多任务处理能力：奶爸通常具有较高的灵活性，能够同时处理多项任务。会兼顾照顾孩子、家务、事业等多个方面，并且能够适应快节奏的生活。

（4）理解和支持伴侣：奶爸往往会理解并支持伴侣的事业发展，积极参与分担家庭的责任，与伴侣共同承担家庭的压力和责任。

（5）父爱表达：奶爸们展现出与传统父亲不同的爱的表达方式，他们可能更加温和、关心和细致入微，通过陪伴、倾听和鼓励来表达对孩子的爱。

基于以上特点，理想汽车的第一款车表面上看针对的消费者是奶爸，实际上是围绕中产家庭，围绕情感和家庭关爱。因为以往的汽车定位多数以男性或商务视角为主，这款车显然是从另外一个维度去寻找细分市场。

这个细分的群体在迅速成长，尤其是二胎放开后，六座大空间的SUV汽车需求越来越明确。也正是凭借这个市场洞察，理想汽车通过一款针对性极强的产品撕开了30万元以上汽车的口子。

理想汽车的案例和华为Mate7的案例一样，根据市场的变化，找到一个有购买力的群体，真正满足这个群体的痛点，以压强原则投入，通过一个小口子打开市场，然后迅速打爆。而产品一旦打响，品牌的影响力就建立起来了。

品牌是企业与消费者沟通的感官表现，有的企业拼命做广告，在营销上投入重金，希望借此提升品牌力。但它们忽视了一点，那就是品牌是用产品打出来的，产品是根本，高端品牌的形象是靠旗舰产品一点一点渗透建立起来的。所以，企业不一定要在营销等方面完全超越对手，可以通过一款一款旗舰产品，不断建立口碑，再慢慢铺开，把品牌力构建出来。

这就是要增长也要市场格局的问题。品牌力就是市场格局，但没有持续地增长，市场格局就是一个伪命题，品牌力更是缺乏支撑的基础。

一家 2C 的公司，必须解决"五力"的有效协同和联合的问题，"五力"分别是：产品力、品牌力、渠道力、零售力、服务力。其中，产品是基础的基础。

旗舰产品的持续竞争力来自持续的产品洞察和细分

很多企业最初是有旗舰产品的，通过旗舰产品的渗透获得了增长，但走着走着就会跑偏，忽视了旗舰产品迭代的重要性，认识不到品牌力和增长是相辅相成的。

一家企业如果只想着通过品牌去拉动销售，最终一定会失去平衡。很多企业内部都存在一个误区，就是认为市场销售表现不行，是因为品牌力不够强。

再来看看华为最初打造手机旗舰产品时的状态。当时的华为手机产品线副总裁李小龙说："开始着手规划华为第一款旗舰智能手机 P1，……瞄准友商已经上市的旗舰机，把所有能用的最领先的技术都用上，给消费者以全方位顶级体验。……都选用最好的方案，产品开发难度之大也远超我们的想象，最终产品上市时成本也超出了预期不少。P1 的定价是 2999 元，可消费者对华为手机品牌的认识还停留在'办宽带送手机'的阶段，多数人不会愿意掏 3000 元买华为 P1。P1 一直到退市，都没能成功进入国美和苏宁渠道销售。"

结合李小龙的话，产品不成功就抱怨是品牌问题，包括销售不给力、渠道不给力等，这个抱怨是无效的。品牌力是需要提升，关键是如何提升才真正有效。基本原则就是既要增长也要市场格局。

品牌力提升最重要的一点是依靠产品在细分市场的口碑打爆，华为的分布式基站也是一样。不管产品也好，品牌也好，都要聚焦一个点，如果定位不聚焦，过于宽泛，是无法打动客户的。旗舰产品要有持续竞争力，必须聚焦，这就是市场细分的重要性。

市场细分是为了发现机会，这样才能做得好，做得大，有持续的竞争力。而市场永远不缺机会，只缺少发现机会的眼睛。

再来看星巴克和瑞幸咖啡的案例。

星巴克的崛起之初有一个有趣的故事。最开始星巴克只销售咖啡豆，美国人喜欢喝咖啡，但多数是在家里自己研磨。星巴克要开咖啡馆，投资人觉得这是天方夜谭。消费者为什么要到外边喝咖啡？但星巴克创始团队觉得居家喝咖啡的趋势有变化，消费者的社交需求在不断增加，除了在家里喝咖啡还需要有第三空间。由此，第三空间造就了一个国际商业巨头的诞生。

截至 2023 年年底，星巴克在中国有超过 6000 家门店，仅上海就有超过 1000 家，开店密度非常高。可以说，很长时间内星巴克就是咖啡这个品类的代名词。但市场的细分机会并非没有。

2020年，瑞幸经历了财务造假事件之后，其2022年的财报显示，瑞幸咖啡全年总收入达到132.93亿元人民币，同比增长66.9%，这个数字的背后是市场细分下的机会把握。

星巴克更注重实体门店的体验，提供舒适的环境供顾客品味咖啡，并提供社交和工作场所；瑞幸则采用线上线下结合的商业模式，强调快速、便捷的线上订购与送货服务，并以无人便利店等新零售概念为特色，主打外卖。星巴克以高品质和舒适的咖啡体验为卖点，定价相对较高；瑞幸咖啡定位于快速消费咖啡市场，以便宜和便利为主打，常常通过促销和折扣吸引消费者。简单来说，瑞幸切中的是学生及职场人消费群体的需求，以性价比高取胜。

同样是咖啡品牌，MANNER咖啡在瑞幸之外也找到了差异化：瑞幸更多是外卖，MANNER则主打外带。从外卖到外带，一字之差却是消费细分场景的不同，相比瑞幸，MANNER有着更极致的性价比。

总结一下，旗舰产品持续的竞争力来自对市场的洞察，环境在变，客户在变，善于发现并促成变化中蕴含的新市场机会才能找到细分的突破口。只有通过不断地市场细分，才能为旗舰产品不断迭代创造条件，形成持续的竞争力。

旗舰产品的创新策略：洞见、颠覆、极致

前文提到，华为第一款真正意义上的旗舰手机Mate7的诞生，

其实是经过积累和观察,发现了"商务男士"这个细分群体对续航、大屏、摄像的需求,通过对这些需求进行研究,发现了创新的差异点。这个创新的过程,我们将之分为三层:第一层,客户问题——洞见;第二层,问题解决方案——颠覆;第三层,解决方案实现——极致。

"洞见—颠覆—极致"三个不同层次将场景一层层打开,是一种不断深入场景的创新方法,也是旗舰产品的持续竞争力的基础。

洞见

事实上,不管是 2B 业务还是 2C 业务,都要有深入的洞见,从而锁定一个特定人群或具体的业务痛点,深入人心或业务场景,进行针对性创新。

以华为 Mate7 手机为例,针对商务人士,华为专门成立了用户研究部,精准描绘出用户画像,对商务人群的性别、年龄、地域、家庭收入、应用场景等进行多维度拆解。在此基础上,针对这个群体的不同应用场景成立针对性的焦点小组,发放超过 4 万份用户调查问卷,汇总问卷数据,总结共性特点,深入剖析这个群体的需求。

2C:锁定细分人群,深入人心

在这个过程中,用户研究部挖掘到了商务人群对手机外观、体验、性能等方面的需求。

例如,客户想要更高端的手机,那何为更高端的手机?如果仅仅是价格高、屏幕大这些标准是无法体现手机的高端属性的。就像请客吃饭一样,看重面子的话,一种选择是去公认的最高端、比较贵的餐厅吃饭，另外一种选择是去特色餐馆，价格不一定最高，但独特性十足，给客人从未有过的体验，也会带来不错的效果。

具体到产品开发上，道理相通，但做起来并不容易。很多企业刚开始打高端牌时多采用"堆料"策略，把一堆高大上的材料、性能都堆上去，却忽略了客户真正的需求。这种做法往往会事与愿违。那么华为追求更高端的外观和体验是如何实现的呢？

第一，确保产品质量的基础口碑，在高端市场，质量是刚性要求。缺乏这个认知，做高端产品就没有机会。

华为 Mate7 的开发中有一个基础指标，即开机故障率。有些手机在高温下开机故障率较高，业界后来就有了"双 85"标准，即"85℃温度 +85% 的湿度"，通过在此环境下验证手机的老化程度，严格控制手机的开机故障率。在当时，华为率先采用这项标准，借此打造质量口碑。

第二，在 ID（工业设计）设计上，外观跟随时尚要求。在外观设计上，华为学习了苹果的策略，土豪金配色。土豪金满足了中国人的面子需求，而华为手机的金属质感显得更加高端大气上档次。

第三，屏幕尺寸学习三星的大屏。当然，大屏也要把握尺度，华为从 Mate2 到 Mate7，屏幕从 6.1 英寸、9.54mm 厚到 6 英寸、7.9mm 厚，解决用户把持不便等痛点。

第四，一键式指纹解锁，这一项技术也有讲究。在华为 Mate7 之前，许多手机解锁都需要按两下，解锁时间基本都超过 1 秒。在一些紧急情况下，用户的体验非常不好，如果有手机能够实现快速解锁，就能戳中客户的"爽点"。解锁时间少于 1 秒，这个小细节，在打动客户方面起着很关键的作用。

第五，追求极致，必须保持续航的优势，比如，苹果手机的电池容量因为尺寸等原因从 4000mAh 减到 3700mAh，华为没有选择妥协，而是坚持续航不缩水。

第六，摄像性能上，华为找了当时摄影界的王牌企业——徕卡公司合作。由于徕卡不会给华为造手机镜头，所以双方并不是简单的技术合作。徕卡有一套光学的标准，华为 Mate7 主打摄像，其他企业的产品都是按照手机行业的标准来做，华为手机的摄像品质优越，但还没有与对手拉开差距。华为引入了徕卡的专业照相标准来打造 Mate7。通过对比，即便手机行业最好的摄像供应商也难以达到徕卡的标准，这就给华为提供了一个机会。徕卡不提供技术，而是提供一套更高的技术标准，华为手机照此打造，成为绝对的技术领先点。

通过华为 Mate7 的功能和技术创新点可以发现，2C 品牌的洞见就是围绕消费者的核心需求，围绕消费者的"爽点"和"痛点"展开的，从细节着手，反复和客户形成互动，让客户"爽"的点继续保持，"不爽"的点快速迭代并持续改进。

2B: 战略协同，成就客户

2C 业务和 2B 业务的应用场景不同，洞见的核心要求上也有变化。2B 业务的洞见策略，本质上是战略协同。

最经典的案例就是华为的无线分布式基站，华为通过这款产品实现了一步一步把欧洲市场打爆。回顾整个历程，这款旗舰产品主要经历了三个阶段。

首先是起步阶段。由于华为无线产品线国内市场增长不够，自 2001 年起一大批业务骨干奔赴海外，并建立各区域 Marketing 组织贴身挖掘客户需求，这一阶段的海外业务拓展进行得非常艰苦。

　　2004 年进入破冰阶段。刚开始华为的大客户团队，在欧洲市场待了近三年，没有拿一个订单。偶然的一次机会，华为为荷兰最小移动运营商 Telfort 定制分布式基站，解决机房太小放不下的问题。这个机会就是华为的铁三角团队，客户线、技术线、交付线通过一线业务场景的协同配合洞察到的。

　　当时华为在欧洲市场经营多年，却苦无收获。经过复盘，华为得出了结论：团队沟通不畅，信息没有共享，客户关系不到位，产品的解决方案无法满足客户的要求，交付的能力也不被客户认同。客户经理在前端掌握的信息无法快速传递到后端，客户反馈给客户经理的信息，传递到技术团队时已经严重衰减，难以得到重视。而竞争对手把握住了客户的需求，提供了更高价值的解决方案，成本也更低。

　　问题的根本在于，组织看起来配置完整，运作时却千疮百孔。客户经理不懂交付，交付经理不懂客户，产品经理只关心价格和成本，都期望能把单子签下来，却忽视了过程质量，以客户为中心在运作中跑偏，结果只能是惨败。

　　所以，洞察的表象是寻找机会，本质是通过协同实现真正以客户为中心，在一线业务场景理解客户，让客户满意。

　　当时，荷兰这家运营商的业务体量非常小，但华为还是紧抓不放。这家企业后来被收购，这个订单也因为种种原因几乎错失。虽然这个订单没有给华为带来太大的直接效益，却是华为拿到的第一个欧洲市场的订单。在提升士气的同时，华为借机又发现了一个普遍需求。在欧洲，从基建获取站址特别困难，移动网络扩张的速度基本取决于基站部署的速度，当时华为的产品各个方面的性能指标还没有达到绝对顶尖水平，近两年时间分布式基站这款产品都没有取得突破。

2006 年开始出现转机，进入腾飞阶段。欧洲最大的移动运营商沃达丰，在西班牙竞争不过西班牙电信 Telefornica（全球超大规模电信运营商），此时华为的产品也正在不断演进，于是沃达丰提出要和华为联合创新的需求。这个联合创新的过程就是战略协同达到战略共识的过程。华为通过对沃达丰的痛点洞察，帮助沃达丰解决问题，进行产品开发。通过三年的时间，华为通过了沃达丰的各项严格的"体检"，无论是产品的创新还是品质的把控，都达到了沃达丰的要求。而沃达丰也成为华为进入欧洲市场的敲门砖，之后欧洲市场的诸多国家也逐渐被华为收入囊中。沃达丰就是华为的标杆客户，为华为建立起了超级的标杆价值和信任效应。

而沃达丰的突破也成了华为的标志性事件，当时通信行业只有华为一家成功研发出了分布式基站，华为凭此一举站到了行业之巅。

洞见无处不在

失败各有不同，成功总是相似。观察身边的企业，会发现洞见无处不在。

Babycare 是一个宝宝护理产品的品牌，有一款产品是小孩用丝巾。在 Babycare 之前，行业通用的产品创新策略就是追求湿巾的性价比，都想把产品做得薄一点，这样更便宜。但很多商家忽视了宝妈宝爸都想要质量好、可靠的产品的心理需求。Babycare反其道而行之，就是要把湿巾做得厚一点、贵一点，反而卖得更好。

方太也采用了品质策略。在友商普遍打价格战，拼成本降价进行市场扩张的时候，方太却通过一系列品质把控的升级产品，不断提高产品品质的同时，聚焦客户的关键需求，打造了一款适合中餐同时又不改变厨房水路的洗碗机产品。产品品质提升了，价格也高了，但销量依旧不断上升。市场验证的结论是，厨房用品不只是为了做饭，外观也非常重要，把颜值提上来，也能获得消费者的青睐。

五菱宏光的电动车，又小又慢续航又短，偏偏就是卖得好。一类很不起眼的车，却成了了不起的产品。因为它解决了无数人的交通问题，好停车又方便，相比两轮电动车还能遮风挡雨。理想汽车做奶爸车，五菱宏光则是做代步车、买菜车。

这些都是产品洞见的案例，市面上卖得好的产品，都有洞见的独到之处，这些洞见就是创新，是一个产品真正把用户痛点需求结合起来的核心。而洞见也就是把用户装在心中、超越自己、超越标杆、超越行业的真情流露。

颠覆

洞见，主要探索在需求层面如何打动客户，以此为基础，之上就是颠覆。

颠覆，从产品的角度讲，很多人都存在一个误解，认为颠覆只是技术性的。

一个非常典型的案例便是朗讯实验室。2013 年，全球 LTE（长期演进）规模部署竞争非常激烈。这一年，朗讯与中国移动共同发布了"灵云无线微基站"，这款产品凭借颠覆性的创新设计，获得了 GTI 颁发的创新解决方案奖。中国移动研究院的相关负责人更是在公开场合表示："灵云无线微基站的推出，代表世界最新的技术进入了 TD-LTE（TD-SCDMA 的长期演进）产业链，对于 TD-LTE 的发展具有深远的意义。"

朗讯的这款产品基站体积小，可快速部署，甚至不需要机房。从产品技术创新的角度来说，这款紧凑型微基站集成了最新的嵌入式基带创新技术，具备 LTE 射频、更大的输出功率及包括外部天线在内的模块化设计方案。它不仅能够支持更多的活跃用户，还可以更加灵活地进行部署。由于产品设计紧凑，运营商也可以将其设置在墙壁上隐藏起来，只露出天线，并通过优化设置来提供服务。不过，这款有足够创新度的产品并非没有缺点，其广泛部署会遇到站点选择困难、电源和传输获取困难等难题。最关键的是，颠覆性创新也需要有适用的商业环境，甚至要形成一种新的生态才能生存。脱离了客户界面，创新就没有立足的空间。可以说，朗讯的颠覆性技术非常超前，最后却成了"先烈"。

之所以不建议做颠覆性技术，主要原因在于：一是企业自身未必有能力做颠覆性技术；二是即使做出了颠覆性技术也未必能够适应市场的需求，未必能生存下来。颠覆一定是从产品的角度出发，从客户立场来颠覆他们认知的好方案。

还是以理想汽车为例。理想汽车被诟病最多的一点是什么？

就是增程式技术，很多人都说这是一个落后的技术。

技术落后，但理想汽车绕道而行，转从客户需求着手。纯电动车的驱动设计很简洁，但存在一个大的问题就是里程焦虑。为了解决里程焦虑，有些企业将纯电汽车改进成增程式电动汽车，把增程器改成发电机，用于给电池充电，充电满了就停止运转，开车时则高效率高速运行。这意味着在持续低速行驶时，发动机的直接驱动效率是最高的，就不再用电变转移消耗额外的功率。插电混动就是这样一种先进的技术，在高速上行驶的时候由发动机直接驱动，在市区就由电池来驱动。技术控往往很喜欢，但理想汽车的核心受众是奶爸，需求并非如此。

奶爸需要的是空间、自动驾驶，即使砍掉这个插电混动式技术，没有高速行驶的效率，对奶爸这个受众群体来说并非绝对的关键，理想汽车是把发动机的这笔高技术的钱省下来花在了沙发彩电等方面，因为 SUV 需要这些东西。

颠覆并不是利用最先进的技术，完全以技术取胜，而是找到最契合用户的价值点。

只要最合适，不求最高端

前文提到 TCL 电视突破中高端市场的案例，其背后有技术的支持。最关键的点就是电视屏幕的画质问题，在这个方面有两个特别重要的指标。

第一个技术指标是对比度，如图 3-4 所示。

电视屏幕色彩的对比度存在一个曲线，现在的液晶电视无法做到完全屏蔽背光，部分背光会显示出来，从而影响到对比度。但如果电视屏幕后有很多背光，暗的地方不打开避光灯而只把亮的地方的避光灯打开，对比度就出来了，但这会让产品的成本急剧增加。

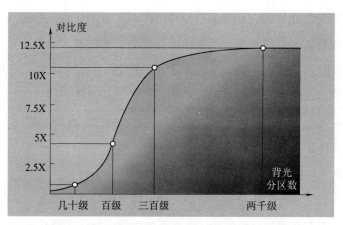

图 3-4　背光分区数 – 对比度曲线图（以 75 英寸电视为例）

　　TCL 电视采用了一种 MiniLED 背光技术，用数量庞大的极小的 LED 背光灯，背光区分数达 2000 级，对比度很好，完全可以和业界公认标杆媲美，但这样的产品成本仍然很高。于是，TCL 转而采用背光区分数为 360 级的技术参数，以 75 英寸电视产品的同价位段来看，做到背光区分数 300 级，整个背光的体验已然最佳，对比度体验得到很大提升。从满足客户的需求角度看，已经具有极强的竞争力。

　　第二个重要的技术指标是电视机的屏幕色域。色域就是颜色给人的丰富感和真实感。

　　色域有一个 DCI–P3（一种应用于数字影院的色域）数字电影院的标准，一般电视机达到电影院标准的 90% 以上，就可以认为达到数字影院级。做得最极致的企业是日本索尼，索尼的某些电视产品可以达到99%的数字影院标准，它的一款65英寸的电视产品，价格在16000~17000元。相比之下，TCL一款75英寸电视产品的售价只有8000元左右，但数字影院级标准能够达到90%的色域值。这就切中了客户的需求，又不过度追求极致，完全符合中高端市场。

TCL这款电视产品就只找最合适的技术需求，而非最顶尖的技术标准。其中，选择合适的技术配比，用最符合商业需求的价位段，瞄准一个细分人群，才能打爆市场，给客户最好的超出预期的综合体验。这里说的体验，也并非只指技术层面带来的，索尼可能拥有追求极致发烧友产品的用户人群，但这个人群显然不是核心主流人群，而旗舰产品需要符合最佳商业价值，也就是客户价值。

客户价值，才是真正的价值

真正颠覆性的产品只有在一个重要的细分市场上取得商业成功，让这个技术全面地匹配商业场景，满足客户需求，才是真正了不起的产品创新。

创新一定是瞄准商业成功，具体做法就是瞄准一个核心点，聚焦商业产品的工程优化。华为的技术创新特别强调聚焦商业产品工程优化，如华为Mate7手机研发过程中使用了一个汽车厂的冲压技术，但在使用之后发现手机的缝隙过大，就制定了标准，反复优化，直到这项技术能够用在手机上。包括华为的一键式指纹供应商，不是传统的手机供应商，而是一家瑞典的厂家。通过双方反复的联合技术创新，最终将华为Mate7手机的解锁时间缩短到了少于 1 秒钟，目的就是颠覆用户的传统价值认知，呈现真正的价值感知。

极致

洞见、颠覆是产品创新的策略与方法，在此基础上产品的创新有更高的要求，那就是追求极致。

产品的极致追求指对产品的最高标准和最优化的追求，具体包括以下几个方面。

优质品质

产品的极致追求要求在材料选择、制造工艺、产品性能等方面追求卓越的品质。比如，产品应该具有出色的耐用性、可靠性和功能性，以提供卓越的用户体验。

通用的汽车轮胎，在卡车轮胎、重型卡车轮胎的细分市场，把耐磨做到了极致，就靠这一点在市场上站住了脚。

石墨烯是由碳原子构成的一种新型二维材料，具有极高的导电性和热导性，同时具有出色的力学性能。电动车领导品牌雅迪便是采用了石墨烯材料代替传统的铅酸锂材料电池，大幅度提高了电动车的续航里程，进而打开了市场。

对于材料、制造工艺等方面的极致追求，日本和德国的企业在世界范围内享有盛誉，尤其是在一些成熟行业，产品的结构或功能创新陷入瓶颈期时，日本企业往往会从材料和制造工艺入手，追求产品的稳定性。以碳纤维材料为例，日本在 20 世纪五六十年代就大力投入研发并取得突破，率先注册专利。尽管当时的碳纤维材料利用还非常少，但随着不断扩展，碳纤维已经被各个领域所应用。

创新技术

极致追求的本质就是技术的创新。产品需要不断拓展技术的边界，采用先进的技术和解决方案，以实现更高的性能水平和功能。这里说的创新技术也需要结合商业应用。技术的创新需要寻找各种可能性，勇于尝试，这个过程中需要打通与卖点的结合，当技术创新演变成为真正的商业卖点，也就意味着成功。

用户体验

产品的极致追求是为了满足用户需求和期望，提供卓越的用户体验。这包括产品的易用性、操作便捷性、人机交互等方面的优化，以确保用户对产品的满意度和忠诚度。当然，极致用户体验不仅适用于有形产品，无形产品的用户体验更加关键。以餐饮行业为例，海底捞就是把服务做到了极致。

第一，高品质的食材。海底捞对食材的品质和新鲜度一直有自己严苛的标准，很早就自建了供应链体系。他们通过严格的供应链管理，选择优质的食材供应商，并进行定期检查和审核，以确保所使用的食材达到高标准。

第二，卓越的服务态度和技能。海底捞的员工均接受专业培训，包括食材知识、服务礼仪和应对各种情况的技巧。态度热情友好，注重细节，并为顾客提供个性化、周到的服务。在所有的餐饮企业，海底捞服务的极致性非常值得学习。

第三，客户关怀。海底捞注重对顾客的关怀和需求理解，倾听顾客的意见和反馈，并不断改进和优化服务，满足顾客的期望。

第四，环境和综合舒适度体验。海底捞的门店设计注重舒适和温馨的氛围，每个海底捞门店都有宽敞、干净、装修精美的环境，标准也整齐划一，比如对电梯的要求，对台阶的要求，餐桌与餐桌之间的摆放标准，等等，标准的统一可以确保顾客在就餐过程中感到放松和享受。同时就餐过程中的表演和娱乐元素，都给顾客留下深刻的印象。

设计美学

产品的极致追求还包括对设计美学的注重。产品的外观设计、人性化的界面设计、符合人类工程学的设计等都是为了营造愉悦和优质的用户体验。

比如日本无印良品的极简设计，特斯拉从外观到内饰都体现了现代、未来感的风格，宜家的简约、功能性和实用性的产品设计，等等，都广受欢迎。

用极致追求，突破品牌的极限

对极致的追求，目的是突破创新的边界，不断向上，不断拉高品牌的高度。但创新并非每个想法都能够成功，所有问题都要抓住关键。

例如在抄标杆、超越标杆这个诉求上，华为手机通过软件体验的优化追求极致。最初，安卓系统搜索模式仅支持字符串匹配，提供联系人、信息、邮件等极少的5种信息，而华为软件智能全局搜索可匹配应用联系人、信息、新闻、生活推荐等结果，一键直达用户需求。

华为Mate7在采用徕卡的相机标准后遇到一个很大的问题，就是镜头在批量生产时良品率极低，只有5%，远远达不到行业标准，这就意味着生产成本翻倍提高。但华为还是坚持采用徕卡的标准，即使 100 个镜头里只有 5 个良品，目的就是建立一个新标准，突破品牌的极限。

极致：行行出状元

河南有一家化肥企业，叫心连心化肥。化肥作为传统的产品，看起来没有什么技术门槛，但即便是这样的企业也可以追求极致。心连心有一款化肥是标准产品，但其成本要比行业低 10%，肥效要超过行业 10%。这家企业从一家乡镇企业成长为全国拥有几千家门店的上市企业，其理念就是企业的心要跟农民在一起，把用户装在心中，而不仅仅是卖化肥。从这个角度看，不管什么行业，都可以做到极致。

而历数能够一直在市场上立足的产品，尤其是旗舰产品，很多都有追求极致的特点。例如手表领域的劳力士、百达翡丽等皆以追求极致精准度和工艺品质而著名。它们使用精密机械和复杂的制表工艺，打造出具有高准确性和独特设计的顶级手表。影像音响领域如索尼、博世等品牌在音响和家庭影院领域追求极致音质和画质表现。刀具和厨房用品领域如德国的双立人、日本的三德刀、瑞士的维多利亚诺克斯等，都追求极致的切割效果和精密的工艺。

综合来看，洞见、颠覆、极致，最终的落脚点就是客户凭什么选择你，这就是产品战略的价值主张。

客户不会因为你想赚钱而选择你，但会因为你的产品能够带来价值而选择你，这就是价值主张。

洞见，要真正懂得客户要什么，目标人群要什么。在懂客户的基础上，制定颠覆性的解决方案。这个方案的原则就是只要最合适，不要纯粹自嗨，再高大上的产品如果不能切中客户的痛点也没有用处。只有在客户的痛点需求之上，做出超出其认知的产品，才是颠覆性解决方案。极致，是一种精神追求，是把用户放在心中的企业家精神，为了充分满足客户的真正需求，不给自己设定天花板。产品持续向前一步，产品的持续竞争力才有保障，才会有越来越多的客户。

HBC 法：找到价值客户与价值需求

定义市场竞争要素

每家成功的企业总有一些关键要素，复盘总结可以发现一些共通的地方。比如在挖掘客户的核心痛点时，只要真正洞察客户的痛点，并瞄准客户痛点将其解决掉，就能做出让客户眼前一亮，超出客户预期的产品，这就是一个粗略的产品成功路径。当下商业战场环境变化莫测，消费者分化越来越严重，过去成功的产品放到今天，还符合人们的需求吗？用过去的方法打造出来的产品，还能为企业带来增长吗？

答案很明确：未必。

有一家智能门锁品牌，以前的主营业务是光学器产品，拥有一套完整的人脸识别技术。在刚开始做智能门锁业务时，这家企业定下了一个目标，就是在人脸解锁的速度上不断突破，从 X 级别不断升级到 X+N 级别，人脸识别速度越来越快，解锁速度也遥遥领先。但人脸解锁的速度需求是否是消费者核心的痛点呢？不妨换位思考一下，作为一个业主，如果遇到家里停电或者临时需要别人开门等情况，最想要的是能够方便安全地打开门，这和人脸识别的速度、快速开门的需求有很大的差异。

同时，王力是门锁业界的王牌，核心卖点是安全，开锁师傅们的名片上都写着"王力门锁除外"。但今天用户对门锁的安全需求很大程度上已经改变了。中国的社会治安不断优化，门锁坚固成为次选，除此之外还有颜值需求，这就是美学设计的问题。所以，如果进一步深挖，针对核心客户群体，能不能满足客户的需求，到底以什么维度去定义客户的需求价值，就变得非常关键。

要持续做出好产品，一个非常关键的原则就是：共建颠覆机制。不同行业的竞争要素并不相同，却有共通的地方，通过总结成功实践，形成理论，就能得到适用每个行业的颠覆机制。这些共通的要素也被称为 CSF（关键成功要素）。

那如何定义市场竞争要素？简单来说就是把竞争思路固化，形成标准化体系，将之体现在竞争要素雷达图中。

以华为 Mate7 为例，在洞见这个过程中，第一步就是基于客户视角，完整、准确地定义出旗舰产品目标细分市场的 CSF。

图 3-5 所示的手机竞争要素雷达图，里面包括了生态、体验、外观、性能、拍照、续航等多个维度，但并没有"性价比"这一条。需要强调的是，在定义华为 Mate7 手机的市场竞争要素时，并非成本不重要，而是在进攻高端手机时，性价比并不是可以打动客户的关键要素。每一个细分目标市场，每一个目标人群都有其对应的最关键竞争要素，洞见时就要在雷达图中真实呈现 N 个 CSF，并以此作为突破的基础。

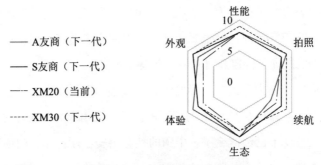

图 3-5　手机竞争要素雷达图

　　有一家做电子白板的企业，目标客户是学校老师。在定义市场竞争要素时，这家企业的负责人表示他们生产的电子白板产品计划做一个差异化竞争点——健康监测，做一款可以检测粉笔灰对人体伤害的电子白板，如果粉笔灰超标就会发出警报。且不说如何制定粉笔灰超标的标准，即便可以检测，粉笔灰能否避免，这样的差异化又是否具有应用价值呢？

　　很显然，粉笔灰是无法避免的，这是企业无法解决的问题。同时，学校恐怕也不太敢采购这样的产品。企业提出问题，却无法解决问题，且不断将粉笔灰的危害暴露在师生面前，谁还会用呢？

　　要定义旗舰产品的竞争要素，一个核心点是站在客户的视角。下面通过 2C 和 2B 两个案例说明如何识别产品的竞争要素。

识别产品竞争要素

　　华为在开发 Mate7 时把手机的成功要素总结为 TAF（技术、艺术、时尚），如图 3-6 所示，华为认为手机行业要想成功，这三个要素是最重要的。此后华为主要围绕这三个要素展开去做创新，进行技术能力积累。

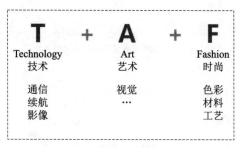

图 3-6　手机的成功要素

T（Technology，技术）：包括通信、续航、影像等方面。华为认为，手机通信、续航、影像三个方面的核心竞争力构筑，要做到特别扎实，要让消费者一提华为的手机，就能想到手机信号特别好、拍照特别好、续航能力强，把这三个方面当作华为手机的基因。

T（Art，艺术）：包括视觉等方面，主要指跟随当下潮流趋势，创造出具有艺术性的产品。

F（Fashion，时尚）：包括色彩、材料、工艺（即 CMF），主要指一些趋势，外观紧跟时尚要求。比如，学苹果的土豪金，学三星的大屏。

除了手机，华为在做 2B 业务的无线分布式基站时，总结出的关键成功要素是"3C"，即 Cover（覆盖）、Capacity（容量）、Cost（成本），如图 3-7 所示。

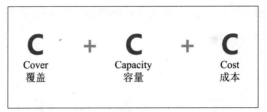

图 3-7　华为无线分布式基站的关键成功要素

C（覆盖 Cover）：信号覆盖要好。

C（容量 Capacity）：容量要大，一个基站能够容纳更多用户。

C（成本 Cost）：成本要低，和竞争对手相比有足够大的成本优势。成本优势不仅体现在基站本身，还包括整个运营站地址获取，甚至运营部署的速度，华为是将整个端到端的价值展开，降低整体的运营成本。

华为的无线分布式基站是一款革命性的创新产品，可以帮助用户省下 30% 的成本，大大降低了网络建设的门槛，横扫欧洲几乎所有运营商，成为获得欧洲大 T 客户的撒手铜，市场份额跃升全球第一。

在技术端，它的产品技术全球第一，领先友商爱立信 2 年（爱立信 2010 年才做出来）。这款产品的诞生，加速了无线产品线完成"产品—解决方案—战略驱动"的转变，实现了 100 亿美元到 250 亿美元的商业结果，成为华为最大最赚钱的产品线。

产品竞争要素提炼方法论：HBC 法

每个行业甚至每家企业都有各自维度的产品竞争要素，略有区别，但竞争要素的提炼有可以参考的成熟方法，这就是 HBC 法。

什么是 HBC 法?

简单来说,HBC 法就是通过历史(H)、标杆(B)、客户(C)三个维度去提炼产品竞争要素,如图 3-8 所示。

图 3-8　产品竞争要素提炼方法论:HBC 法

H(History):自己历史上成功/失败要素是什么?

B(Benchmark):标杆的历史成功要素是什么?

C(Customer):客户潜在要什么?

企业除了看自己的历史,也要学习标杆,分析竞争对手哪些要素特别受客户认可,为什么受到客户青睐。比如,苹果产品的体验好,那它是如何做到的?其中可能包括注重隐私与安全、简洁而直观的用户界面、独特的生态系统、优质的硬件设计和材质、硬件与软件的无缝整合等多方面体验,这些都是学习的标杆。

同样,三星的大屏幕用户很喜欢,华为也受到启发,研究透彻之后把它做到了极致。

客户的潜在需求也很关键。获知客户的潜在需求是一个循序渐进的过程,只有在一线业务场景与消费者深入接触,对目标客户的了解才能越来越透彻。慢慢把客户在产品使用中体验不够极致的地方揪出来,才能发现潜在需求。在这个过程中,客户的抱怨或投诉往往隐含着关键的信息。比如，华为发现苹果手机的用户体验好，但续航饱受诟病，这就成为华为手机的机会。华为的无线分布式基站也是如此，爱立信等的产品技术都很优越，也占据了很大的市场份额，客户轻易不会更换，但它们的基站太大了，而在欧洲获取基站的建设用地很难，部署过程太过麻烦，华为就从这些地方入手，最终寻得突破。

总结一下，旗舰产品要清楚目标用户人群到底是谁，竞争要素的提炼是一个渐渐明晰的过程，旗舰产品也并非一蹴而就。一家企业一定要经常沉淀、总结和复盘，只有这样才能搞清楚如何立足于当前。如果这样做，产品的核心竞争要素还不够清楚，就用 HBC 法，看一看历史上买自己产品的是谁，他们怎么评价产品，有哪些抱怨。同样，也要看行业对手是谁，他们为什么受到客户认可，又有哪些被客户诟病的地方。综合考虑，一定可以找到核心竞争要素。

旗舰产品的战略控制点

识别客户关键需求

识别产品竞争要素的目的是清晰洞见，将产品的参照雷达图呈现出来，并在完整深刻理解每个成功要素的基础上识别客户的关键需求。

如图 3-9 所示，华为对 Mate7 客户的关键需求进行了细分。

首先，大屏这个维度，大屏只是基础的基础，屏要大，但也要有一个度，超过 6 英寸单手就难以持握，这也是一个洞察。

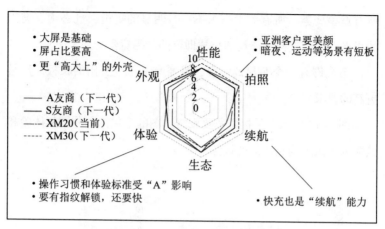

图 3-9　华为 Mate7 的客户关键需求分析

其次，屏占比要高，追求极致屏占比要有领先的标准。

再次，外壳的品质和形象。智能机诞生之初，很多手机外壳的质感不好，产品的拉丝也很粗糙。华为想尽一切办法提升外壳的质感，包括最终采用的金属工艺。这里还要明确一个关键点，华为的目标竞争对手是苹果，就是要从苹果的用户中获得份额，一旦综合体验差，即使一些用户被产品外观吸引，但软件体验不敌苹果，也会失去竞争力，所以软件不能成为短板。

最后，对比对手的产品自身要有差异化，学习完对手的优点之后，产品总要有一样东西比苹果有优势。例如，只有华为才有的一键式解锁功能。

构建产品竞争力

明确了核心竞争要素和客户关键需求之后，竞争策略就变得非常清晰，即通过极致的产品来颠覆用户的认知构建产品竞争力。

所有竞争要素、所有关键需求不能有明显的短板，且必须有突出的卖点，只有这样才能构建一战即胜的产品竞争力。

不允许有一个明显的短板，且要有 1~2 个突出的长板，这是更高的要求。

图 3–10 展示了手机竞争要素雷达图的全包围，分别从体验和续航两个维度构建产品的优势。

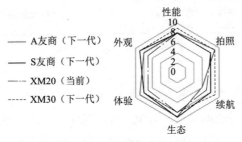

图 3–10　手机竞争要素雷达图的全包围

短板改进的关键词是"how to learn"，即怎么学习对手。学习并不是简单照猫画虎，而是在学习的同时构筑差异化优势。

第二代是"how to beat"，即怎么打败对手。企业产品要有核心优势，建立一个业内最佳竞争要素，把优势构筑出来。

最终路线是针对目标人群每一个竞争要素都会有。雷达图全包围是一个理想状态，对于很多刚开始打造产品的企业而言，尤其是非行业领导者品牌，做起来并不容易，需要一步一步构建。

战略控制点的进阶

苹果是手机行业的标杆，也是全球科技企业的标杆。纵观苹果的发展史，乔布斯的每次创新都很成功，在乔布斯时代，苹果的每一代旗舰产品都能引领行业的潮流（图 3-11），但苹果的成功并非一蹴而就。

（百万部）

图 3-11　2007—2018 年 iPhone 的全球销量

　　iPhone1 刚出来时以惊艳的外观设计和产品理念，吸引了一批人，但由于价格偏高，也劝退了一大批人，销量并不高。3G 技术加上移动互联网逐渐普及，苹果手机才逐渐受到热捧。之后持续向上，苹果手机的成功实际上是一个持续迭代的过程。

　　乔布斯说："产品的成功从来不能一蹴而就。"旗舰产品的成功，一定是一场要赢到最后的马拉松式胜利，那如何才能取得这种胜利呢？

　　企业要打造旗舰产品，目的是实现长期有效的增长，要市场也要格局。这就需要企业在一个相当长的时间周期内形成自己的竞争壁垒，构建持续竞争力。这样企业就必须寻找和培养行业内的战略控制点。一家企业，如果所有的产品都没有战略控制点，那就像一艘破了洞的船，沉没只是时间问题。

战略控制点类型多种多样，包括品牌、专利、产品开发领先业界、成本优势、分销渠道控制、供应控制、拥有客户信息流、价值链控制等。每一个控制点的设计都是为了让企业留在利润区内，并防止竞争对手快速赶超。

2020年新冠疫情暴发之后，空气炸锅的概念横空出世。最早推出这款产品的企业获得了早期的市场销量，但并没有形成持续的市场格局。产品上市之初质量不佳，问题频出，上市之后产品创意很快被"抄"走，和竞争对手的产品也没有形成差异化，最终结果就是利润守不住，市场份额快速跌落，失去先发优势。其中的核心原因就是缺乏战略控制点，无法形成产品竞争壁垒，谁都可以模仿，市场快速成为红海。

同样一家做电视机的企业，一直认为行业没有控制点。但深入调研之后这家企业发现，行业标杆三星公司是有控制点的。形成竞争壁垒的是三星自己控制的一家公司，自己研发显示屏上的成像膜，可以改进电视屏的可视角，使客户的观感更好，这样一个小点就成了一项核心技术，形成了战略控制点。于是，这家电视机企业在标杆公司的启发之下，逐渐构建自身的产业链，把能控制的技术逐渐以参股或完全控股的形式纳入自己的生产供应链体系，并一点一滴追求极致，构建战略控制点。

对于所有的企业而言都是如此。企业如果只是简单的拿来主义，就不可能构建起持久的优势，归根结底就是缺乏战略控制点。战略控制点有一个分阶段构筑过程，需要持续提升对核心技术、核心部件的掌控力。企业处于不同阶段，针对构筑产品战略控制点的方法论也不同。核心就是持续提升对核心技术、核心部件的掌控力，主要分为三个阶段，如图 3-12 所示。

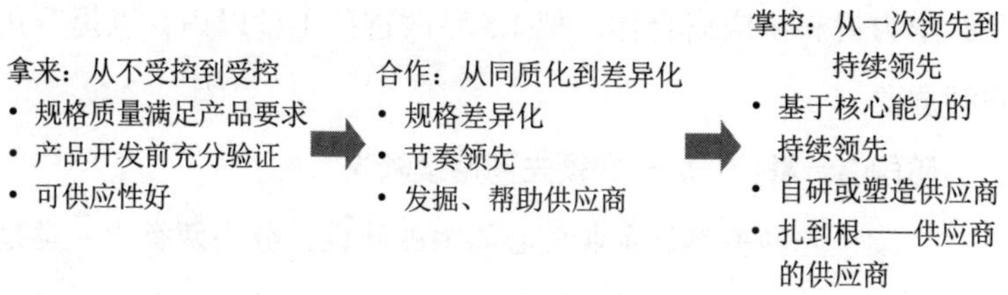

图 3-12 分阶段构筑战略控制点

拿来：从不受控到受控
- 规格质量满足产品要求
- 产品开发前充分验证
- 可供应性好

合作：从同质化到差异化
- 规格差异化
- 节奏领先
- 发掘、帮助供应商

掌控：从一次领先到持续领先
- 基于核心能力的持续领先
- 自研或塑造供应商
- 扎到根——供应商的供应商

阶段 1 拿来：从不受控到受控

简单理解就是掌握核心布局的供应力，不被供应商"卡脖子"。

一家做空调的厂家想要引入智能语音模块，采购找供应商时说百度这方面做得比较好，做空调的语言智能控制肯定没问题。最后却发现百度的语音模块是不错，但人工智能却是分场景的，空调领域的基本术语并没有经过训练，而这个过程至少需要花半年时间，训练完再上市机会就错过了。

"拿来主义"看似简单，里面也有不少门道，要考虑拿的时机和节奏的把握，或者拿的东西要有质量保障，这是最低要求。技术创新的控制点，首先不能被供应商给控制住，这是第一个层次。

阶段 2 合作：从同质化到差异化

第二个阶段是合作，从同质化到差异化，目的是实现差异化或节奏领先。这里的一个挑战就是需要不断挖掘新的供应商或帮助供应商共同成长。

华为 Mate7 开发过程中遇到的指纹识别问题，当时手机行业的供应商没有能做一键式指纹解锁的，华为就从相关行业找，发现门锁行业有一键式指纹解锁，只是解锁时间需要 1.5 秒。这个时间也许解锁门可以接受，解锁手机的话就不太能接受，如何解决？华为就和供应商合作，把 1.5 秒改进到 1 秒以内，以提升用户满意度。

阶段 3　掌控：从一次领先到持续领先

持续领先的关键是企业核心能力的建设，分为两类。一类是跟企业的基因匹配，这种一般通过自研解决；另外一类是通过掌控核心价值链形成控制。

任正非对财务问题非常谨慎，从不轻易干重资产的项目，类似制造装备的重投资华为就找外包，但是在关键技术和研发人员方面就大力投入。企业可以找到并制定自己的投入原则，不是什么都自己干，目的是要把主动权牢牢掌控在自己手里。

还有另外一种情况，以华为的汽车业务为例，华为一再声明不自己造车，但是华为的车业务中有 1.3 万个元器件都实现了自主替代，而且华为派了大量的技术人才去帮助供应商，包括授权各种核心技术和专利，这就是掌控了核心价值链，同样可以做到核心能力的持续升级。

所以，每家企业都要思考下面的问题：我的关键部件有路标规划吗？谁对关键部件的规划负责，是采购吗？

企业做产品目标规划时，是否对供应商有目标？是否认为采购应该对供应商的路标规划负责？其实，这不仅是采购的任务，也是研发团队和产品团队的任务。与供应商打交道要通过采购，但研发团队、产品团队要对技术竞争力最终负责，当这些部门关注核心部件时，研发要去规划，以保证可供应性，并遵守供应采购部门的要求，要把采购部门拉进来一起做规划。这就是产品核心竞争力构筑的三个阶段，从关键部件着手。

旗舰产品的市场与技术双轮驱动

旗舰产品要形成持续竞争力，并构建战略控制点，这样企业才能形成竞争壁垒，获得持续的增长。在这个过程中，技术团队、产品研发团队的角色非常关键，要承担核心的作用。

技术团队具体要做的，如图 3-13 所示。

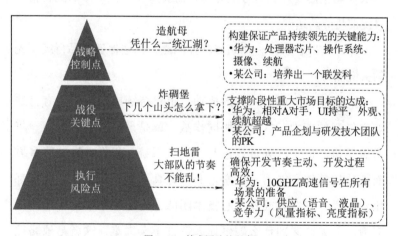

图 3-13　技术团队的职责

第一，"扫地雷"，从产品角度，要消除执行风险点，确保开发节奏主动、开发过程高效。比如，保证核心部件的供应稳定性等。

第二，"炸碉堡"，拿下"战役关键点"，支撑阶段性重大市场目标的达成。

旗舰产品的竞争力构建并非一朝一夕，而是一场必须胜利的硬仗，这个过程中有许多关键节点，必须提前规划，再进行立项开发。立项包括针对哪个市场，瞄准哪些主要竞争对手，产品在什么时候如期上市，上市后是否有惊艳的市场竞争力，有哪些关键竞争力，用什么样的节奏打败对手。

比如华为 Mate7 手机要在产品体验、外观和续航上超越对手，那这些 CSF 就需要技术团队跟产品团队提前达成一致，明确在什么阶段做什么事。如果把这个过程比作"炸碉堡"，那就要知道每一次炸碉堡需要什么型号的炸药，需要多少，技术团队能否精准且提前将炸药送到。

第三，"造航母"，构筑战略控制点，构建保证产品持续领先的关键能力。

成功炸掉碉堡是一次的成功，想要持续成功就需要有打造航空母舰的能力。这就是协同作战，就是形成战略控制点。华为做手机，也是从处理器芯片、操作系统、摄像、续航等多方面持续构筑核心能力。一家企业只有真正做到几个核心能力都比别人强，有专利或者核心技术团队，构建起指哪打哪的作战能力，那无论遇到什么碉堡炸起来都不会太难，这就是战略控制点。

以上只是企业持续成功的基础，具体而言还需要形成一个路径规划，这就是产品与技术路标的规划。

产品与技术路标

BLM 模型中，有一个关键任务清单，但真正具体到产品的规划，简单的清单还远远不够，必须有一个依赖关系的路径。即做产品和技术的先后路径，一步一步把产品和技术的理念表述清晰，包括选择什么客户，如何将客户的需求超预期实现，等等。

图 3-14 展示了一个产品的路径模拟，这个产品在真实的背景下，组合了两款旗舰产品，一个偏商务，一个偏时尚，都是中高端定位。在这个基础上，为了进一步拔高品牌，还有一个偏奢华的系列，底下则设计了一个组合收割类型的产品，即更大众系列性价比产品。

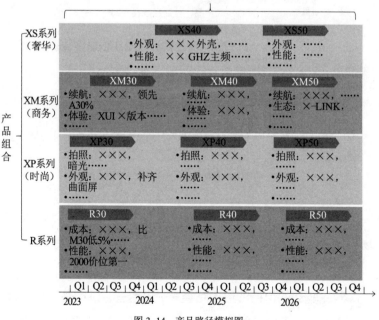

图 3-14　产品路径模拟图

针对每个系列都有自己独特的竞争要素，这个路标需要设计出每一年的市场策略，如何形成竞争力。围绕这些，技术目标，包括关键器件、原材料的选择对产品的成功与否影响都很大。所以，在选择原材料时就需要保证供应优先权。如果做不到，可能就需要自主研发。同样，用供应商的东西，要考虑是否有专利控制点，如果没有，就需要考虑如何才能形成技术壁垒。总之，技术路标需要配合产品路标的节奏，一步一步实现（图3-15）。

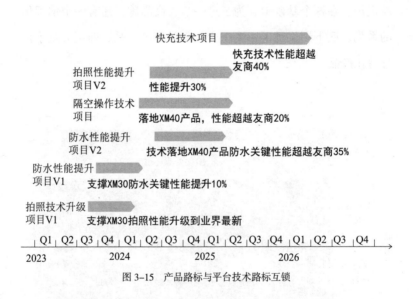

图 3-15　产品路标与平台技术路标互锁

在技术路标之后，需要同步双轮驱动下的产品规划，即市场＋技术双轮驱动。

双轮驱动的可持续进攻路径——进得去、站得住、长得大

市场＋技术的双轮驱动逻辑可以从图3-16中看出，市场增

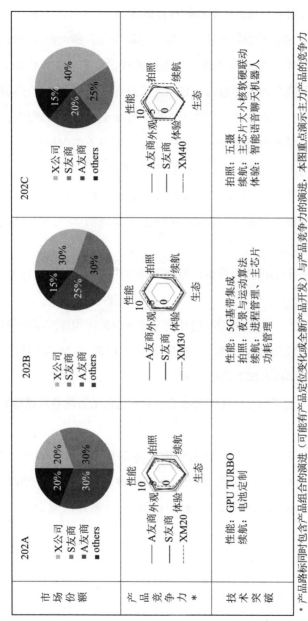

图 3-16　产品竞争法对比图

* 产品路标同时包含产品组合的演进（可能有产品定位变化或全新产品开发）与产品竞争力的演进，本图重点演示主力产品的竞争力

	202A	202B	202C
市场份额	X公司 / S友商 / A友商 / others	X公司 / S友商 / A友商 / others	X公司 / S友商 / A友商 / others
产品竞争力*	A友商外观 / S友商体验 / XM20	A友商外观 / S友商体验 / XM30	A友商外观 / S友商体验 / XM40
技术突破	性能：GPU TURBO 续航：电池定制	性能：5G基带集成 拍照：夜景与运动算法 续航：进程管理、主芯片 功耗管理	拍照：五摄 续航：主芯片大小核软硬联动 体验：智能语音聊天机器人

长不仅要看财务目标，更要具体打开来看。

增长了多少？如何增长？在哪个市场增长？哪个友商会抢占多少市场份额？市场竞争是一场零和游戏，在这种竞争博弈中，如果不能从竞争对手中抢占市场份额，就无法扩大自己的市场份额，最终目标也必然无法完成。所以，市场驱动必须清晰用什么产品，明确准备抢哪个竞争对手的份额，要抢下多少份额，为了抢走对手这么多份额，产品必须做到什么层级。

比如图 3–16 中 X 公司要抢占 A 友商的份额，体现在产品竞争要素雷达图上就是，X 公司必须赶上 A 友商的体验，而且续航的优势要扩大。

这是一个基础理论逻辑，但如果规划中都做不到，市场就更寸步难行。

电池定制是为了做到续航领先，等电池无法构建差异化优势了，就要做软件进程管理、主芯片功耗管理等。一系列的技术持续领先，需要技术体系取得突破。

如何才能持续支撑这些关键竞争力？通俗来讲就是要进得去、站得住、长得大。

从表 3–2 可以看出，针对旗舰产品想要拿下哪些市场，达成怎样的市场目标，需要市场团队提前做基础规划。规划时需要和技术团队沟通互锁，要确保技术路标、器件路标支撑市场目标。

表 3-2　基础规划发展表

	市场目标	市场策略	产品规划	技术规划
202A	……	……	……	交互：智能语音聊天机器人 V1 续航：进程管理、主芯片功耗管理 拍照：夜景与运动算法
202B	营收增长 20%； ·北美市场份额从 5% 增长到 10% ·……	…… 北美 ·5% 的份额增长主要来自与友商 A 的竞争 ·5 月发布，比 Prime Day 提前两个月，比 A 友商竞品提前一周 ·价格持平，A 友商主要卖点全面追平，5G 性能、续航能力、拍照特性构筑差异化	性能：5G 基带集成…… 拍照：夜景与运动算法…… 续航：进程管理、大小核……	交互：智能语音聊天机器人 V2 续航：主芯片大小核软硬联动……
202C	……	……	交互：智能语音聊天机器人 续航：主芯片大小核软硬联动……	

例如，规划 2022 年要在进程管理技术实现突破，2023 年即可把这项技术管理放到产品规划中。当然，遇到突破较难的技术也需要双轮驱动，比如语音交互技术。2021—2022 年只是一个基本演示版本，2022—2023 年需要成为可商用成熟技术，2024 年把这项技术整合到产品中，这样一步一步实现技术支撑产品、产品

支撑市场。

最终的目的，都是抢占市场份额，通过产品赢得竞争对手，实现市场＋技术双轮驱动。

双轮驱动与双轮协同：市场与技术的方向冲突怎么办？

在双轮驱动中经常遇到以下几种场景：

• 公司研发团队为下一代产品提出两个技术方案：一个竞争力高成本"达标"，另一个竞争力基本达标，成本"极致"；

• 产品规划团队考虑当前的品牌影响力，兼顾改善利润以及应对竞争对手可能的价格战而选择低成本方案；

• 产品即将推向市场时发现对标的产品提升了竞争力，增加了己方团队放弃的新特性，项目紧急变更跟进；

......

种种问题，碰到这种矛盾，团队需要有一个基本的思考逻辑。

首先，市场驱动很值钱，市场驱动＝购买者＋购买力＋购买欲，价格战一定会存在，不考虑就是纸上谈兵。但又需要区分场景，价格战有两种。一种是不懂市场，缺乏市场信心，不明确市场会不会打价格战，该不该打价格战，只有被动应战。这种思维逻辑就是完全的销售驱动，产品卖不出去，或者能卖就卖，卖不出去就降价、促销。另一种是主动价格战，属于正常竞争。比如，特斯拉就是主动打价格战，且有足够的利润支撑，这就是市场驱动。

市场与技术的方向如果发生冲突，要坚持两个原则：一是以客户中心，二是实现商业成功。

只强调以客户为中心，却忘了利润，企业就生存不下去。所以，企业应该兼顾以客户为中心和利润。这两者如何平衡是一个关键。企业一定要有保利润的产品，这就需要规划旗舰组合产品。

旗舰产品，格局要先于利润。当一家企业真正做到市场驱动，就会发现市场驱动和技术驱动并不矛盾，技术驱动不是天马行空，而是以商业成功为导向。技术驱动必须以产品目标成本为约束，清晰市场购买力在哪里，这个市场将来要不要打价格战。企业需要提前做好市场洞察和分析判断，定下目标成本。只有这样，企业的技术研发体系，才能拿出最有竞争力的方案，所以技术团队会受到市场驱动的约束。

当然，任何问题都没有普适、永恒的方法论，要从过往循序渐进的碰撞中持续进行工程优化。不管是需求理解还是技术突破，都是一个持续碰撞的过程。

乔布斯说：要把一个好产品给做出来，先要有个正确的方向。目标明确之后靠什么方法？你要找到一群小石头，包括销售、研发、制造、采购等领域的人，然后使劲地摩擦，持续打磨和改进，好产品就是这么碰撞出来的。

第四章
未战先胜，定义自己的旗舰产品

未战而先胜的作战方案

打造旗舰产品，需要学会正确的产品定义和规划。很多企业的产品定义和规划，往往匆匆立项，草草收场。在产品规划立项时，经常会出现以下问题：

（1）敌有我有，同质化低价竞争，这往往是跟随策略之下的绥靖选择，被动应战，且一直在防御状态。

（2）机海战术，试错成本高。产品的开发成本在整个商业活动中时间最长，成本最高，改动的难度最大。其中包括产品开发端到端的成本，研发、产品、销售、服务，牵一发而动全身；机会成本非常高，且都是稍纵即逝，失不再来；品牌成本，产品的失败消耗的一定是品牌的资产和信用。产品失败，消费者很容易给品牌打上一个标签。

（3）先开枪，后画靶子，上市不上量。很多企业，开发产品前没有进行深入的市场分析，匆忙上马，毫无规划，最终就是产品潦草，毫无市场吸引力，成为仓库积压品。

而这些问题，导致的直接结果就是产品的命中率低。华为的研发体系中，并非不允许有失败的产品，但如果产品的命中率过低，企业必然无法在商业战场上立足。

华为从1999年开始引入IBM进行IPD的变革，而后又多次推进升级IPD的变革，其目的就是改善华为研发的能力，缩小与世界一流公司的差距。而华为这套体系的建立，简单来说就是将研发合格产品的过程分为确保研发体系做正确事情和如何做正确的事两个阶段。这里的正确的事，核心是确保产品能够对准客户需求，给客户带来商业价值，适应市场的需求。这就要求所有的产品在进入研发或开发之初就应该能够清晰定义产品的竞争力从何而来。

2006年，徐直军在华为的"战略与Marketing体系"大会上指出："做正确的事是华为面临的最核心的问题，解决这个问题是'战略与Marketing'最核心的职责。这就要求我们重点抓好产品规划，要明确未来应该开发什么产品、产品应该有哪些具体特性、产品应该何时上市，产品的成本应该是多少。产品立项是战略性的，只有战略正确，后续的Marketing活动、市场活动才有意义、有价值。"

在华为，确保开发做正确的事情便是通过Charter（商业计划书）来实现。

Charter，任务书，又称商业计划书，是产品规划过程的最终交付，是对产品开发的投资评审决策依据。Charter的价值在于确保研发做正确的事，主要回答两个核心命题：一是产品值不值得投入；二是产品如果值得投入，怎么做才有竞争力。每一个Charter决定了做什么产品，做什么样的产品，确定产品的竞争力，也就是说，Charter是解决方向性的问题，解决要做什么产业、做什么产品、达到什么目标的问题。

Charter的核心内容包含产品规划最关注的重要问题，这些重要问题可以用"4W+2H"（"Why、What、When、Who"+"How、How much"）来表达。

Why：回答产品为什么要立项。通过市场宏观和微观分析，围绕客户的"痛点"和商业价值，明确目标市场和市场机会点，以及商业变现手段，如何获取利润。如果不进入这个市场、不做这个产品，对公司的损失有多大？

What：市场需要的产品包需求是什么样的？针对客户的商业"痛点"场景，描述独特价值和关键竞争力要点，以及如何构建核心竞争力。

When：什么时候是最佳市场时间窗，讲清楚预计产品推出的时间和对客户承诺的符合度，以及版本相关里程碑。

Who：完成此产品开发需要的项目组团队、角色。

How：产品的开发实现策略、商业计划赢利策略、上市营销策略、存量市场的版本替换更新策略等。

How much：从资源、财务、设备等多维度视角说明开发产品需要投入的成本与费用。

Charter是说明机会、投资收益的商业计划书，也是产品必胜的任务书，其核心在于：一次把事情做对。

实际的调查显示，产品的命中率低是企业的通病，有的企业的产品市场命中率低到 5%、20%，超过 50% 的寥寥无几。

创新是有风险的，如果产品研发的命中率过低，企业无效投入过多，无法帮助企业成为行业领导者，大量的无效工作在源头就无法遏制，传输到整个商业链条会放大低效。所以说，立项时潦草，"简简单单一张纸，浪费投资千千万、丧失亿万机会"。造成这些问题的关键在于四个"盲目"和三个"不对等"。

> 四个盲目
> 盲目相信自己深刻理解客户
> 盲目相信自己精通产品细节
> 盲目相信自己决策一定正确
> 盲目高估少数高管的能力
>
> 三个不对等
> 很宝贵的机会，却用轻量投入来获取
> 很重要的投资，却用简单分析来启动
> 很慎重的决策，却用轻率程序来进行

Charter 的质量是整个产品的基础，像开发产品一样开发高质量的 Charter 是提高产品命中率的基础。只有这样，才能一次把事情做对，也叫作未战先胜，即在开始之前就定义好自己的作战方案。而定义作战方案主要围绕三个核心展开。

1. 最大化客户价值

所有的企业都面临一个问题，看客户难，想要抓准客户的价值需求更难。一方面，客户千奇百怪，需求多样；另一方面，客户心口不一，不知道自己真的要什么。比如，在乔布斯的苹果手机、张小龙的微信、福特的汽车等产品出现之前，客户其实也说不清自己想要的是什么，但当苹果、腾讯、福特等企业把这些产品展示给客户时，客户会说：这就是我想要的！

如何读懂客户，最大化客户价值？答案是细分。细分的核心在于把市场转变成场景，从而真正理解客户需求，即一类人在某个场景下稳定的需求。

最大化客户价值，是一个充满胜利气息的 Charter 的灵魂。旗舰产品一定有一个点击中客户，让客户愿意买单。

2. 最大化竞争价值

无论企业处于什么发展阶段，都避免不了竞争。如果你是行业领导者，则要守擂台，建立全方位的竞争优势，避免市场份额被追随者或新进入者蚕食；如果你是追随者，则少不了要从众多头部企业虎口夺食；如果你是新进入者，则要建立自身的差异化竞争优势。

一家企业总是有长板和短板，最大化竞争价值是一种明智的竞争策略。就像田忌赛马，田忌的三匹马按顺序比都要比齐王差，但是通过有效的组合，他打赢了整体竞争。做到合理利用企业的优势资源，产品的开发也是如此，最大化竞争价值是竞争的最高超智慧。

3. 最大化商业价值

不管是做产品还是 Charter 立项，最终都是指向商业成功。Charter 是产品的源头，而商业成功是检验一个产品开发最终的检

验基石。Charter 不仅要能详尽规划出如何拿下目标市场，还要用
实际行动真正拿下目标市场。

所以一个充满胜利气息的作战方案，应该具备以下元素：

- 确定价值特性
- 竞争力目标与策略（雷达图）
- 商业模式设计
- 技术可达成和协同关系
- 质量领先计划（品质为王）
- 商务优势从成本领先开始
- 营销计划（上市即上量）
- 制造和采购计划（研产销协同）
- 服务也是竞争力
- 销售计划和承诺
- 投资回报分析
- 决策事项（里程碑 + 资源投入 + 组织）

挖掘客户的价值需求

挖掘客户的价值需求，在任何一项工作中都是首位问题。要
做出一份高质量的 Charer，挖掘客户的价值需求是重中之重。而客
户需求之所以需要挖掘，是因为其比较复杂，且在各种不同的背
景中总是反复变化，同时还会有一些看似可靠的数据或表象特征
影响人们对真实需求的判断。

真实有效的客户需求，是达成客户期望，提供个性化的解决

方案，提供更准确、更有效的产品或服务的关键。而达成客户的期望，是验证产品的竞争力，提升企业业绩和利润的必由之路。

就挖掘客户的价值需求，在此提供三个工具模型：TCO/TVO模型、KANO模型和需求金字塔模型。

TCO/TVO 模型

TCO（Total Cost of Ownership）和TVO（Total Value of Ownership）是两个与产品／服务成本、价值相关的术语。IBM是最早采用TCO和TVO概念的公司。

20世纪80年代末90年代初，IBM开始将TCO概念引入其产品销售和市场推广。IBM意识到客户在购买计算机设备时，并不仅仅关注设备的购买价格，还会考虑设备的运行、维护和升级成本，以全面评估设备的总体成本。通过推广TCO概念，IBM帮助企业客户更好地理解设备的成本构成，并对其产品提供综合的成本分析。

这两个概念又有所不同。TCO指的是拥有和使用某个产品或服务的全部成本，包括购买成本、运营成本、维护成本、升级成本、支持成本等。TCO是一个综合评估成本的指标，通常在购买决策中用于比较不同产品或服务的经济效益。较低的TCO意味着更低的总体成本。

TVO指的是拥有和使用某个产品或服务的总体价值。与TCO不同，TVO关注的是产品或服务提供的经济、功能、效率、创新等方面的价值。TVO的评估可以包括顾客满意度、业务增长、竞争优势、可靠性、灵活性等。

TCO 和 TVO 都涉及产品或服务的成本和价值，但关注的重点不同。TCO 关注成本，帮助企业或消费者在多个选择中作出经济上的决策；而 TVO 更关注价值，帮助评估产品或服务提供的综合价值。

对于企业来说，优化 TCO 可以降低成本，而提高 TVO 可以提高投资回报和市场竞争力。对于消费者来说，理解 TCO 可以帮助选择价格合理的产品，而考虑 TVO 可以确保所购买的产品或服务真正满足需求并提供更多的价值。简单总结一下，TCO 和 TVO 可以帮助企业在挖掘客户价值需求时快速识别哪些是真需求，哪些是伪需求。

先看图 4-1 中左侧的例子，华为在欧洲无线分布式基站的竞争过程中，对客户用 TCO 和 TVO 两种方式分别算了一笔账。

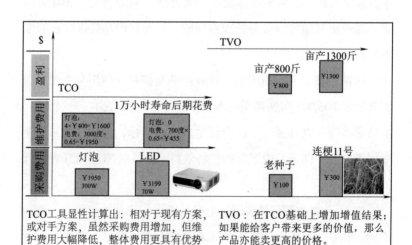

图 4-1　应用 TCD、TVO 工具量化价值需求示例

客户的成本包括两部分，一部分是一次性的成本，即设备的价格，另一部分是一次性的人工维护费。场地及租金叫作 OPEX（Operating Expenses，企业的营业费用，也被称为运营成本或日常运营费用）。TCO 的概念如何帮助华为获得商业成功呢？

当年华为基站设备性能很好，价格也比竞争对手便宜 30%，但客户迟迟不给华为订单。因为华为的团队讲不清楚价值。转变的关键在于，客户的采购部教给华为一个方法，要求华为通过 TCO 和 TVO 两种方式算一下经济账。

TCO 算法是两年内华为给客户节省了多少费用，相比竞争对手节省 30%，凭借这一招华为顺利进入欧洲高端市场，且华为的设备价格从原来的 0.7 倍变成了 0.9 倍。由此可见，多增加的是 0.2 倍带来了多少利润，而华为无线产品线也在一年时间内实现盈亏平衡。

再看图 4-1 右边的例子。因为采购了更优质的种子，投资成本虽然增加，收成却大幅度提升，最终的综合收益自然也是提升的。这就是 TVO 的投资收益率增加问题，通过这种方式来进行用户需求的描述，很容易算出一笔经济账，最终形成购买决策。

同样对于消费者业务而言，TCO 也是经常用到的，过去日本车的竞争力就是省油不容易坏，也就是大大节省了日常使用的费用。现在新能源汽车的兴起打破了日本车省油的护城河，可以说是降维打击，所以最受伤害的也是日本车。

KANO 模型

KANO 模型是由日本学者狩野纯（Noriaki Kano）在 1984 年

提出的，用于描述顾客对产品或服务特征的满意度和期望。该模型通过将特性分为五个不同的类别，帮助企业理解和满足顾客的需求。

（1）基本（必备）特性（Basic Features）：基本特性是指顾客认为理所当然存在的基本功能或特性。如果产品或服务缺乏这些基本特性，顾客会非常不满意，但当产品或服务具备这些特性时，并不会引起特别的满意。例如，手机作为通信工具的基本功能是拨打和接听电话。

（2）期望特性（Expected Features）：期望特性是指顾客预期产品或服务具备的一些常见特性。如果这些特性得到满足，顾客会感到满意；但如果没有满足，会引起顾客的不满意。这些特性通常与市场竞争相关，顾客更多是出于事后的比较而产生期望。例如，手机电池续航时间长是一个期望特性。

（3）兴奋（魅力）特性（Excitement Features）：兴奋特性是指超出顾客期望的特性，能够给顾客带来意外的惊喜和满足感。这些特性通常是创新性的，能够突破现有市场的期望。当产品或服务具备这些特性时，顾客会感到非常满意，并可能产生强烈的忠诚度。例如，手机具备人脸识别解锁功能是一个兴奋特性。

（4）反向特性（Reverse Features）：反向特性是指本来被认为是优势或增值特性，但当存在时，引起顾客的不满意或不满。这些特性可能与顾客的个人偏好或文化习惯有关。例如，手机自动播放广告或强制安装应用程序可能会被视为反向特性。

（5）潜在特性（Indifferent Features）：潜在特性是指顾客不太在意的特性，无论其是否满足，都不会对顾客的满意度产生明显影响。

KANO 模型可以帮助企业了解和优化产品或服务的特性，以满足顾客的需求和期望。通过了解顾客对不同特性的反应，企业可以有针对性地改进产品设计、增加兴奋特性，并避免反向特性的存在。这有助于提高顾客满意度、增强竞争力和实现商业成功。

以图 4-2 所示的华为手机特性分析为例。

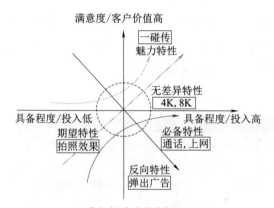

图 4-2　华为手机特性分析

打电话是手机最基本的功能，但是如果通话功能没有做好，客户会觉得这个产品太烂了，连基础功能都没有做好，因此绝对不会购买这个产品，这叫作必备特性。而对于必备特性，对于不同品牌的手机，消费者也会将之划分为三六九等，尽管苹果手机有非常好的使用体验，但经常会被诟病其通话质量不佳的问题。

期望特性如果有，客户就会满意，如果没有，客户会觉得不满意。手机的摄像头的拍摄功能越强，客户越愿意为此买单，所以期望特性往往是定价的关键。当一款产品缺乏期望特性时，客户愿不愿意买单就是一个问题。

KANO模型，是一个评价用户客户满意度的模型。这里有一个更具体的方法，用KANO的模型去评估某个特性到底是魅力特性还是期望特性。

期望特性往往可以定价，魅力特性往往不能定价，只能增加你的市场份额，即通过竞争力——客户满意度来增加一部分市场份额。所以，一个基本的判断规则是，如果一个需求既不是魅力特性，也不是期望特性，大概率就是伪需求。

图4-3是KANO模型调研方法。

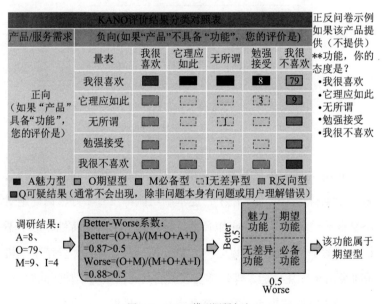

图4-3 KANO模型调研方法

首先自己预设一个问题。请看图的左边，如果产品具备某功能，评价用 12345 五个档次来回答，收集客户的反馈，让客户勾选以下问题：

- 是很喜欢还是很不喜欢？
- 如果产品不具备此功能，你的评价是什么？

你会看到，同一个问题会有两个答案，这就构成了这张表中的纵坐标和横坐标。有的话我很喜欢，没有的话我很不喜欢，这就是期望特性。

魅力特性没有定价，但是期望特性一定有定价！

有，我很喜欢，没有的话，我勉强接受，或者我无所谓，或者理应如此，就叫作魅力特性。必备特性没有的话他很不喜欢，有的话，也许会有各种各样的答案，他说你理应如此，无所谓，没想接受。这就是必备特性。

同样判断一个特性的归属，可以通过问卷调查（以 100 份为例）的方法，从而得出 A、O、M、I 的数值，进而公式计算 Better-Worse 系数：

Better=(O+A)/(M+O+A+1)=0.87>0.5

Worse=(O+M)/(M+O+A+1)=0.88>0.5

计算得出一个最终结果，对比右下角的坐标来进行判断。

举个例子，量化方法叫作 Better-Worse 系数，那么 Better 就是 O+A，O 就是期望特性，A 就是魅力特性，就是上面第一行的数量加起来，除以所有问卷的数量，这就是 Better，在图 4-3 中就是 0.87。

Worse 是最右边一列，加起来是 88，如果两个都大于 0.5，就两个都过半数，统计结果在右上角。这就是一个期望特性，所以右边是一个四宫格，Better 和 Worse 算出来都大于 0.5，就是期望特性。可以利用这个方法判断某一个特性到底是魅力特性还是期望特性。

这就是我们说的用 KANO 问卷来确认需求的过程。

旗舰产品竞争力的"0-1-3 法则"

KANO 模型为企业分析用户需求提供了一个很好的维度，但实际一款产品的开发与投资评估时，KANO 模型中的各个指标具体达到什么程度才算才有核心竞争力，才能构建市场吸引力呢？这里，提出了旗舰产品竞争力的"0-1-3 法则"，即旗舰产品的必备特性和期望特性一定是 0 短板，期望特性至少做到 1 个长板，魅力特性最少达到 3 个。

以华为 2023 年 8 月 29 日发布的华为 Mate60 Pro 为例，来解读什么是旗舰产品的"0-1-3 法则"。

首先，必备特性和期望特性必须是 0 短板。华为 Mate60 Pro 一经发布就引起了全民热议狂潮，作为华为历经 5 年研发突破美国封锁推出的旗舰产品，与行业的同类产品对比，基本上没有任何功能上的短板。

必备特性与期望特性 0 短板，对不同阶段的企业有不同的指标要求。如果企业处于控制投入阶段，该维度必须做到基础达标，让用户没有功能上的大的心理落差；在跟随者阶段，要做到与行业最优秀的产品没有明显的差距。如前文所提到的电视企业与索尼电视，90% 的色域值和索尼 99% 的色域值，90% 就是行业达标，但是要达到索尼 99% 的数值，则需要持续提升，这就是一个跟随者和领导者的区别。而对于一个行业领导品牌来说，要做到领先半年的优势，这些优势就是余承东在发布会不断讲的"遥遥领先"。外观遥遥领先，信号遥遥领先，拍照遥遥领先，流畅度遥遥领先，充电续航遥遥领先。

其次，期望特性至少1个长板。期望特性是压强投入的核心竞争力，在品牌提升阶段，要有突出的长板，在品牌维持阶段要有持续的长板。华为Mate60 pro最突出的长板就是卫星通信功能。这是全球首款支持卫星通话的大众智能手机，即使在没有地面网络信号的情况下，也可以拨打接听卫星电话。尽管卫星通信功能不是一个手机频繁用到的功能，却是所有用户期望得到的功能。对于旗舰产品来说，如果缺乏一个绝对的长板，即便有很多基础的创新，也无法拉开差距，无法拔高产品的想象力，随之而来的就是产品溢价率较低。

最后，旗舰产品至少要三个魅力特性。魅力特性单独拿出来虽然不易带来产品的溢价，优先级也低于必备和期望特性，但能够给用户带来可供选择的小惊喜，同时三个以上的魅力特性所带来的效果可使产品的吸引力呈指数级上升，魅力特性增多可以作为产品的长板。

华为Mate60 pro机身材质采用了超可靠玄武架构，并使用了第二代昆仑玻璃，有超坚韧玄武机身、超耐用素皮材质，同时使用了纳米金属双染工艺，色彩效果出众。在功能上，华为Mate60 pro有AI隔空操控、智感支付、注视不熄屏等智慧功能，同时接入了盘古AI大模型。这些构成了魅力特性。这些魅力特性单独一个拿出来可能无法支撑产品的溢价，但整体加起来，可以为产品的定价提供坚实的支撑。

需求金字塔模型

需求金字塔模型同样是华为从 IBM 学习总结出来的。

以下通过一个例子进行阐述。

客户提出了一个需求，说需要做一根 10 米长的电话线。调研发现客户的描述并不合理，但客户表达这个需求非常重要。在反复沟通后，确认客户的要求依然异常强烈，那如何判断这是一个真需求还是伪需求呢？

这就需要用金字塔模型把需求打开，层层进行挖掘（图 4-4）。

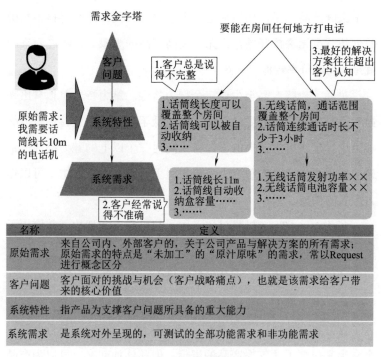

图 4-4　需求金字塔模型

首先要找到客户问题，原始需求是什么？原始需求背后的问题是什么？客户要解决的真实场景在哪？最后发现，客户想要的是在房间的任何地方打电话，而不是 10 米长的电话线。

找到问题后，又有两种方案：

第一，做一根线，长度大约有 11 米，满足客户的要求；

第二，提供一个无绳的电话机，这就是系统分解之后得出的解决方案。

以上三个识别需求的工具，目的都是看清楚需求。而整体看清楚需求有三个抽象的维度，那就是看全、看深、看真。

看深，可以理解为洞悉消费者的显性和隐性诉求。

如图 4-5 所示，功能需求和情感需求，对于痛点的解决，拍照效果好、长续航、快充、投屏快这都是用户使用手机的高频功能，这些功能如果不解决，用户每次都会觉得很麻烦，这就是痛点。痛点不解决，必然使得用户在一次次的产品使用中的糟糕体验累积，最终放弃产品。

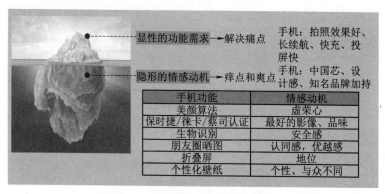

图 4-5　洞悉消费者的显性和隐性需求

隐形情感动机的洞察，也就是对于用户痒点和爽点的洞察。痒点和爽点是发烧用户常见的需求，他们更关注极致需求，对大众来说这些需求应用的频次可能不会很高，但对于少部分发烧用户来说，他们经常用到。发烧用户往往是关键用户，这些需求的满足会让他们在使用时感到畅快，而且发烧用户更乐于用这些产品特性进行自我表达，影响身边的人。

看全，可以理解为沿着产品的生命周期建需求洞察机制。

以图 4-6 所示的华为手机为例。洞察消费者需求要按照场景细分和打开。一个维度是按照产品的生命周期，从用户购买、物流、开箱、安装、使用到维护，都要按照生命周期一层一层打开。比如购买过程这一场景，颜值、服务体验、卖点、价值都会不同程度影响用户的满意度评价。同样，产品购买后的开箱这一场景，产品的高档感、打开的仪式感非常重要，这是一个享受的极致时刻。再往下，打开、换机安装软件的过程中，数据的迁移过程异常关键。华为手机的克隆 App（应用程序）功能让用户只需简单几步就可实现数据完全迁移。这也是一个痛点解决的例子。以前手机的数据转移非常麻烦，换一部手机以前的信息、资料就都不在了。有了这个手机克隆软件以后，客户的满意度得到了提升。

当然，生命周期的阶段非常之多，从刚开始接触产品到售后、产品抛弃，每个与用户接触的时点都是一个场景，而这为洞察机制的建立提供了不同视角。

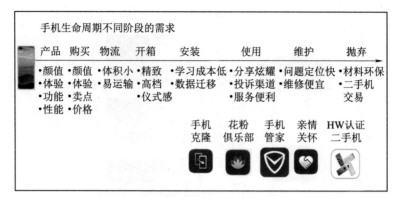

图 4-6　洞悉消费者产品之外的需求

峰终定律

亚朵酒店在洞悉消费者的显性和隐性需求上也有一套自己的判断体系。

从图 4-7 可以看出亚朵的商业是比较成功的，而图 4-7 的数据是支撑其商业快速成功的关键。其中有一个核心数据，即 RevPAR（Revenue Per Available Room, 平均每间可供出租客房收入）。

RevPAR 是酒店行业常用的关键绩效指标之一，用于衡量酒店客房的收入情况。RevPAR 可以通过以下公式计算：RevPAR = 总客房收入 / 可用客房数。其中，总客房收入是指特定时间段内酒店客房的总收入，可用客房数为酒店实际可供客人使用的客房数量。

RevPAR 作为综合性的客房经营指标，将酒店的收入与可供销售的客房数量相结合，可以反映酒店客房的出租率和平均房价的综合表现。RevPAR 不仅可以帮助酒店业主和经营者了解酒店

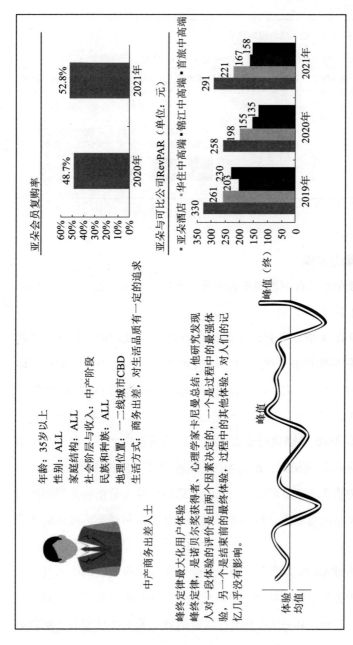

亚朵会员复购率

中产商务出差人士

年龄：35岁以上
性别：ALL
家庭结构：ALL
社会阶层与收入：中产阶段
民族和种族：ALL
地理位置：一二线城市CBD
生活方式：商务出差，对生活品质有一定的追求

峰终定律最大化用户体验

峰终定律，是诺贝尔奖获得者、心理学家卡尼曼总结，他研究发现人对一段体验的评价是由两个因素决定的，一个是过程中的最强体验，另一个是结束前的最终体验，过程中的其他体验，对人们的记忆几乎没有影响。

亚朵与可比公司RevPAR（单位：元）

图4-7 亚朵是如何做到会员复购率提升的？

整体经营状况，还可以用来比较不同酒店的经营绩效。

亚朵商业成功的背后是它的会员复购率很高，且有持续走高的趋势。为什么亚朵在酒店这样一个竞争非常激烈的行业，还能够做到这么高的复购率呢？

亚朵有一个非常关键的策略，即清晰洞察客户的价值需求，采用峰终定律，使得用户的需求聚焦在主要矛盾上，并得到满足。

峰终定律由诺贝尔奖获得者、心理学家卡尼曼总结提出，他发现人对一段体验的评价是由两个因素决定的，一个是过程中的最强体验，另一个是结束前的最终体验，过程中的其他体验，对人们的记忆几乎没有影响。

亚朵就利用了这个理论。首先，亚朵聚焦在商务人士这个细分市场，只关注目标客户的需求，把其他的客户需求放在相对次要的位置。其次，亚朵围绕核心用户群体从预订到退房的全场景，打造多个让客户印象深刻的最强体验。比如，客人到达酒店大堂，可以收到抵达前短信问候，可以借书（异地还书），备有咖啡和茶（70℃温茶），并有个性化手绘欢迎便笺，可以三分钟完成登记入住等。房间内有安心杯、免门衣橱、大圆桌、无线充电设备、定制拖鞋、瑜伽垫等健身器材。

图4-8是亚朵设计的体验曲线，它在两方面做得最好：

第一，峰值，中间斜着的峰要做得尽量高；第二，最后的终值做得最高。

这样给客户留下来的体验是最好的。那么峰值怎么做高呢？亚朵又把客户的场景进行细分，细列的足足有17个。从客房的预定到停车场、大堂，然后办理入住、进入电梯。同时，酒店的清

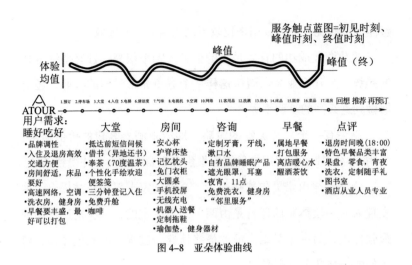

图 4-8 亚朵体验曲线

洁度、气味的嗅觉体验也被纳入其中，再到进入客房，电视机状态、空调的温度、网络、备用品、洗漱、热水、床上用品，以及隔音效果、用餐的菜品、退房等，直到下一次预定，这 17 个场景都在亚朵设计的体验曲线中。每一个节点都至关重要。而每一个客户接触产品的触点还有细分，比如大堂的沙发休息体验、咖啡、借书阅读体验、房间入住咨询情况等。把这些客户在住宾馆时，使用频率最高的触点峰值做到最优，这就是亚朵商业背后的基本逻辑，围绕用户的体验来设计和创新他们的产品和服务。

旗舰产品要有独特的价值特性，且这个价值特性要做到位，要把它击穿。

如图 4-9 所示，同样是 iPhone，iPhone3GS 卖了 2070 万部，iPhone1 只卖了 130 万部，且 iPhone1 到最后还因为降价被客户投诉。这是为什么呢？

事实上 3G 牌照在 2000 年就已经发放，当时也有 3G 商用手机。

乔布斯开始应用 3G 已经是在 8 年后,这个技术当时已经很成熟了。如果乔布斯在 iPhone1 的时候就切换到 3G 版本可能就不会有这个问题。

iPhone1(130万部)
- 2007年1月发布,销量130万部
- 3.5 英寸屏幕,480×320分辨率
- 200 万像素后置摄像头
- 2G 网络
- 降价,客户投诉

iPhone3GS(2070万部)
- 2009年9月发布,销量2070万部
- 3.5 英寸屏幕,480×320分辨率,300 万像素后置摄像头
- App Store
- 支持 3G 网络

图 4-9　iPhone1 与 iPhone3GS 对比图

华为也是类似,Mate7 抓住了 3G 到 4G 的转型期,当时用户习惯逐渐改变,看视频等的需求超越了手机只能看电子邮件的需求,这些功能对于华为 Mate7 本身的几个亮点,如大屏幕、续航等都有了更高的要求。而如果华为 Mate7 只做其中部分优化,例如续航,但视频播放功能达不到消费者预期的话依然会错失机会。

ABC 模型:最大化竞争价值

一次性把事情做对的核心,是制定作战方案时的最大化竞争价值原则。

最大化竞争价值即产品在市场中获得最大的竞争优势和价值创造,其关注的核心是如何在产品的整个生命周期中,通过持续的创新和改进,实现市场份额的增长和经济效益的提升。而这个最大化竞争价值实现的过程是一个螺旋上升的过程。

通常来说,以下几个策略较为常用:

（1）通过市场洞察，深入了解市场趋势和需求变化，识别潜在的机会和市场空缺。

（2）以产品创新和差异化，提供独特的价值主张和功能特性，以与竞争对手区分开来。

（3）敏捷开发和迭代，验证市场反应并进行改进，降低开发风险，提高市场反应的敏捷性。

（4）确保产品质量和可靠性，提供稳定、可靠的性能和用户体验。质量是赢得客户信任和口碑的关键，可靠性则直接影响产品的用户满意度和口碑传播。

（5）控制成本和提高效率，以实现更具有竞争力的产品价格和更好的经济效益。

竞争价值最大化的工具之一是竞争雷达图的 ABC 模型（图 4-10）。

A（Attack）：有一个明显的长板，这是产品市场价值最大化的基础。一个产品可以有短板，但要形成市场突破，没有一个明显的长板是无法达到目标的。华为在进入终端市场时，余承东就曾说：华为手机至少要有一个点做到世界第一。最终华为 Ascend P2，做到了全球最薄，机身厚度仅 8mm 左右，在外观上形成竞争优势。

B（Battle）：在细分市场，没有明显的短板，至少半包围，即竞争雷达图上所示的指标有部分超越竞争对手。同样，华为 Mate7，通过打造全金属机身、徕卡拍照技术、后置指纹解锁等，帮助华为打开高端手机的大门，在竞争雷达图中实现了半包围的格局。

C（Conquer）：在整个市场都没有明显的短板，至少半包围。

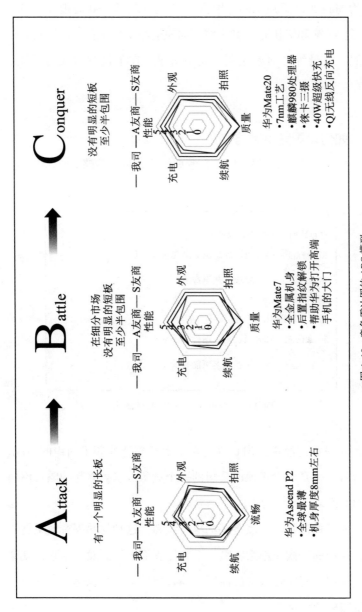

图 4-10　竞争雷达图的 ABC 模型

华为 Mate20，运用 7nm（纳米）工艺、麒麟 980 处理器、徕卡三摄、40W 超级快充、QI 无线反向充电等，在性能、充电、续航、拍照、质量等方面遥遥领先竞争对手，在手机领域成为顶级的存在。

如何设置竞争策略？

以图 4–11 的立邦为例，看看如何设置竞争策略。

立邦计划立项的隔音涂料

隔音性能：63 分贝，满足国标高要求 65 分贝
价格：2A
验收风险：低（喷涂工艺无音桥）

行业当前采用的 EPS 板

隔音性能：70 分贝，满足国标低要求
价格：A
验收风险：高（拼接工艺可能有缝）

图 4–11 性能和成本不能兼得，怎么办？

居民小区经常会出现因为房子隔音差造成邻里纠纷的情况，隔音效果也是不少房地产公司的一个竞争诉求。立邦的隔音涂料也因此而来。

常见的冰箱的门就是用的隔音涂料，这种材料隔音效果特别好，使用的时候先用涂料喷一下物体表面，等到发泡结束，就会形成一层具有隔音效果的涂层，隔音效果甚至可以达到 63 分贝，满足国标最高要求。

旗舰战法

这种材料还有一个优点是，验收风险非常低，因为这个材料的喷涂方式是无缝的。缺点也很明显，价格是普通材料的两倍。在隔音领域跟它竞争的材料叫 EPS 板（泡沫塑料板）。EPS 板的隔音性能只有 70 分贝，且达不到国标，但价格只有隔音涂料的一半，验收风险也比较高。因为 EPS 板拼装完成后依然有缝隙，后期很依赖工人处理，做工稍差性能就无法达标。

下面结合立邦产品开发的案例，我们来看 A、B、C 三种模型的对比（图 4-12）。

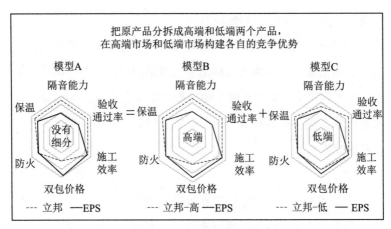

图 4-12　立邦产品开发策略分析

立邦的策略如果是只开发一款产品，对应的模型应该是 A，即有一个明显长板，隔音能力非常强，但短板也很明显，竞争雷达图实现双包，价格差一倍。对应 A 模型的产品策略，如果定位是突破市场，那么 A 模型达标。但对于立邦这样的行业领导者，如果开发一款新产品只能局限在某个细分市场获得很局限的竞争优势，行业地位就出现了错位。

立邦的产品经理的诉求是销售额，市场的导向就是通过开发一款新产品完成至少 5000 万元的销售目标。综合评估的结果是，团队觉得通过模型 A 产品，即便拿下细分市场，5000 万元销售额也难以达标，因为市场容量比较有限。为此，立邦又做了两款产品。

在性能和成本无法兼顾的情况下，立邦选择了使用泡沫塑料，产品减重，成本降低一半，同时针对不同市场提供不同的产品，在高端市场使用最初比较厚的版本，在低端市场就使用薄的产品，但隔音能力仍然是优于 EPS 板的。

立邦在高端和低端两个细分市场都符合模型 B，特点是都没有明显的短板，竞争雷达图都是半包围结构。产品的结构从一个 A 变成了两个 B，从而在两个细分市场上都获得了市场份额，以实现市场业绩目标的达成。所以决策过程其实就是设定企业竞争策略的过程。

构建细分市场，确定竞争对手和 CSF

最大化竞争价值，需要明确竞争对手到底是谁。同一款产品的竞争对手并非只有一个。

不同的细分市场，竞争对手也不一样，很多时候还会有细分领域的跨赛道竞争对手。同时，不同细分赛道的价值特性也不一样。在选择时，不同企业可以根据市场特点去制定自己的 CSF 的进攻要素图表。

寻求最大化竞争价值，需要按市场进行细分，确定竞争对手之后，对竞争要素进行梳理、排序，然后一一对比。华为手机在确定竞争对手时，苹果、三星、小米都有不同场景的针对性，在商务市场竞争对手是苹果和三星，但是在游戏市场竞争对手就变成了黑鲨手机（图4-13）。

编号	竞争对手	备注	分类	商务	时尚	礼品	游戏	编号	CSF	商务	时尚	礼品
1	苹果		行业标杆	Y	Y	Y		1	外观	Y（大气）	Y（色彩、轻薄）	Y（奢华、品牌）
2	三星		直接竞争对手	Y	Y	Y		2	续航	Y（商务）	Y（娱乐）	
3	O		直接竞争对手		Y			3	屏幕	Y		Y
4	小米		恶性竞争对手	Y	Y			4	内存	Y		Y
5	黑鲨		细分市场竞争对手				Y	5	拍照	Y	Y	Y
6		如无此类竞争对手，请说明理由	跨界颠覆者					6	质量	Y	Y	Y
								7	5G/热点	Y		
								8	价格		Y	
								9	流畅		Y	
7			替代性新产品					10	时延		Y	
								11	服务	Y（快）		Y
8			公司内部竞争性产品					12	技术领先			Y

图4-13 华为手机与苹果、三星、小米等手机的不同竞争要素

比如，商务市场和礼品市场对价格不敏感，但时尚市场对价格敏感。比如支持5G信号以及热点功能，这样的功能在商务市场相对敏感，因为商务市场对流量的需求比较大，对5G的诉求不同。外观在所有市场都属于敏感要素，但具体的指向存在不同，商务市场关注的可能是大气、品位，而时尚市场关注的是颜色组合，色彩的多样性，当然外观还可以再区分出轻薄等特质。礼品

市场更关注奢华品牌标志。每一个雷达要素都可能影响产品的竞争价值最大化。

实现竞争价值最大化还有一点，企业必须有中长期的产品经营策略，即每一款旗舰产品的立项。

企业需要回答：当下的阶段，自己的产品竞争力如何？明年是否可以继续维持或提升竞争力？三年后，企业产品的竞争力会提升到一个什么水平？这就需要企业有三年的产品竞争策略（图4-14）。因为一家企业一旦上市旗舰产品，后面的销售资源、渠道资源、营销费用都非常聚焦，投入也非常大，如果只在一个短暂的阶段收获劳动果实，最大化竞争价值就成为空谈。

最大化商业价值：一部"步步为盈"的商业计划书

从挖掘客户价值需求到追求最大化竞争价值，企业最终的追求是商业的成功，而商业的成功始于一部"步步为盈"的商业计划书，也就是制定出 Charter，并在制定 Charter 时将最大化商业价值设定清晰，最后移交 Charter。

如何实现最大化商业价值，具体呈现在 Charter 上，Charter的精髓是实现企业内部的协同，只有实现了产品开发、成本协同、制造协同、上市协同、销售协同、服务协同等，才是达成商业价值的第一步。

协同策略：异步开发，使命必达

异步开发是一种利用任务独立性和并发性来提高系统效率和

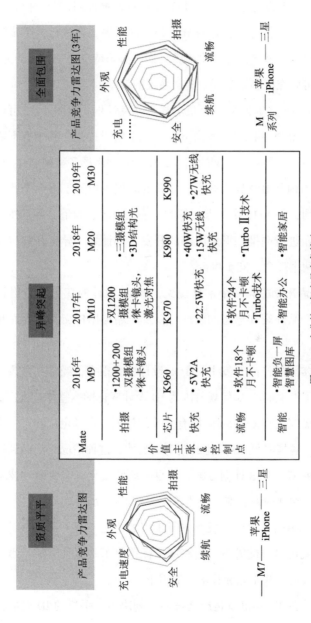

图 4-14　企业的三年产品竞争策略

性能的产品开发方法,其关键是基于目标倒推计划,实施并行工程。异步开发中,任务或操作被分为独立的步骤,在执行一个步骤的同时,可以立即进入下一个步骤,而不必等待上一个步骤的完成。这样就可以充分利用时间,提高系统的效率。

图 4–15 是华为 M40 手机的异步开发计划。由图 4–15 可以看出,华为 M40 手机的开发由 IPD 的几个阶段构成,其中有不同的独立模块,分别对应不同的因素,比如软件市场和麒麟芯片。

华为内部 IPD 异步开发,立项的时候不只要汇报一个产品的开发计划,图 4–15 中的点,都需要一一对齐、验证,并且按照计划的发布进行倒推,形成内部的开发落地计划。异步开发与并行工程这两个理念,同步执行。

产品开发中有一个常见现象,即 ID 设计的变化。ID 设计通常包括产品外观和形态的设计,以及产品与用户交互的界面和体验设计。

在实际的产品开发中,ID 的设计变化很多,经常在修改,那 ID 设计如何协同? 如何规避因为 ID 设计变化影响整体进度?

这就需要在 Charter 阶段有完善的计划,市场定位和市场需求越清晰,越能降低 ID 变化的概率。当然,这种情况无法做到完全杜绝,就需要有 B 计划方案,一旦有调整变化,需要通过技术评审,保证快速应对,避免发生手足无措的情况。

目标牵引是异步开发和并行工程的关键。有了目标牵引,技术投资就可以提前筹备。当旗舰目标达成了共识且清晰,团队完全可以预见一些工艺和技术上的需求。

华为的 ID 样机就是严格按照计划决策,手机的 ID 很早就确

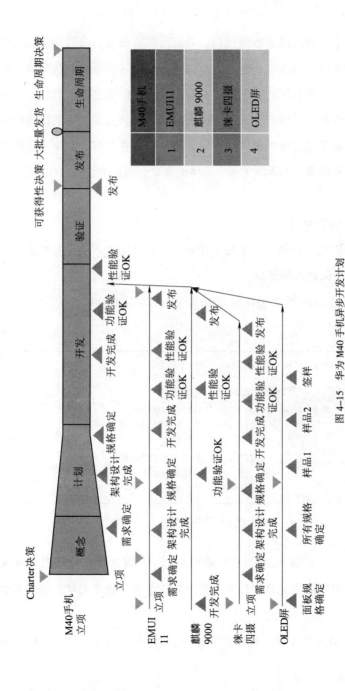

图 4-15 华为 M40 手机异步开发计划

定下来，修改就要重新评估，并进行评审决策，决策完要在全开发产业链进行冻结。有些企业没有像华为这样强大的执行力，完全做到可能有困难，但通过一套流程完全走通之后，执行力会大幅度提高。所以，ID 调整时，需要提供备选方案。新的决策影响一定要考虑整体的协同变化。计划不能随意调整，必须通过慎重的决策评审。不能因为一个具体的变化，而影响整体目标的达成。

协同成本

质量、交期、成本发生冲突是一种常见的产品开发场景，面对这个问题如何解决？

图 4-16 是 X 公司在 2020 年空气炸锅刚推出时的情况。

图 4-16　案例研讨：质量是不是红线？

空气炸锅 2020 年 9 月业界首创，当时这个产品概念非常火爆。但实际情况是，开发这款产品的企业"起个大早，却赶了个晚集"。

2020 年 9 月，这款产品上市，赶上了当年的"双 11"，但很快企业内部就发现产品质量有问题，2021年3月客户投诉增多，锅表面的涂料在煎和蒸的双重"打击"下会掉皮。只是煎没问题，只是蒸也没问题，但两个功能叠加在一起就会有影响。企业内部进行针对性讨论，研发拍胸脯保证，一个月内搞定，但最终产品还是"带病"上市了。实际上，研发花了一年时间才解决了这个问题。这期间出现大量退货、换货，导致企业最后根本没赚到钱。虽然这家企业创新领先其他企业一年，但由于竞品很快出现，功能完全同质化，诸多企业最后陷入价格战，毫无竞争壁垒。

2020年9月首创之前，在产品开发最初，这家企业完全可以预见会出现的质量问题。但测试和研发组织为什么在产品快上市才发现问题？核心原因就是没有并行工程的思维。如果立项时就把异步开发计划考虑好，这个问题完全能够避免。很可惜，这家企业握一手好牌，却没有打好。这就是企业内部组织协同的问题，协同不好最终的结果就是商业失败。

成本始终是核心竞争力之一，有追求的目标牵引是核心。企业在成本洽谈的时候，如何定义成本目标？

在华为，成本目标要有挑战，这就是华为的"223"成本目标原则（图4-17）。

所谓"223"原则？即：成本比上一代产品要降20%；比竞争对手低20%；如果是新平台，新平台整体的贡献成本能够降30%。

华为有一个专门的成本部，负责成本的核算及优化。成本部一定是把整个成本结构打开，是一个端到端持续优化的过程，如图4-18所示。

```
┌─────────────────────────────────────────────────────────────┐
│   "223"的成本牵引目标              系统构建成本能力的         │
│        定义法                          三板斧                │
│                                                              │
│   2：成本比上一代产品降20%          1. 竞争分析               │
│                                                              │
│   2：比竞争对手低20%                2. 低成本设计             │
│                                                              │
│   3：新平台贡献成本降30%            3. E2E成本降低            │
│                                                              │
│                                                              │
│   Charter要确保SP/BP分解的产品盈利、竞争力、成本目标达成      │
└─────────────────────────────────────────────────────────────┘
```

图 4-17　华为"223"成本目标原则

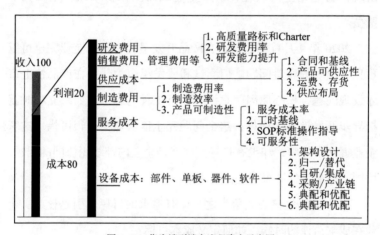

图 4-18　华为端到端全流程降本示意图

华为成本部刚成立之时，去审计销售合同。因为销售发货总是出错，发错货要退货换货，就要产生成本。成本部通过制定规则，很快完成了当年的成本降低指标。另外，成本部在无线基站的施工中发现，一根铜缆线完全没必要设定 50 米那么长，设定 50 米是因为通信商的基层施工分队中有人想卖废品赚点外快。成本部的做法是先把发货长度减半到 25 米，然后再逐渐降低，这样成本也快速降低。所以，成本的降低，如果只从采购视角出发显然达不到"223"原则的要求，必须有端到端的协同思维。

协同制造：货期短、质量高、成本低

制造是产品的核心竞争力之一，主要体现在交期要短，质量好，成本低。

很多成本都产生在设计阶段，单纯对制造阶段提要求，降本幅度有限。降本是一个端到端的协同过程，就像一个同心圆不断扩大一样，从最初的研发、设计、采购到市场、销售，再到供应链，甚至再到用户需求等。

制造需要有协同思维，并把这些规划性的内容不断向前端延伸。所以制造有一个很重要的工作，就是不断向产品设计提需求，向供应链提需求，向用户洞察代表提需求。只有这样才能做到交期、质量、成本的真正协同。

制造也是一个不断优化的过程，华为手机制造环节由企业代工，但生产过程完全可控。这个过程一直都是对标世界最先进的制造体系和方法，体现的是一种精益求精的企业精神。

协同服务：价值服务，不断提升消费者满意度

服务的定位是什么？

有些企业把服务仅仅作为一个投诉接待部门，解决客户退换货问题。在IPD体系中，服务是一项绝对核心竞争力的存在。

华为有一套专门的服务流程ITR（图4-19）。ITR不光处理售后问题，同时对客户满意度负责。那如何衡量客户满意度？推荐

使用图 4-20 所示的 NPS（Net Promoter Score，净推荐值）。

服务回馈再升级			
能量续航	设备常新	服务更靠近	服务更贴心
79元起 更换原装电池	备件8折 官方维修焕新	6800+ 线下服务触点	华为服务日 享受多重惊喜
品质保障，安全可靠 支撑线上购买服务权益	90天保修 屏幕/主板/ 摄像头等	97%地级市 76%行政县区 1900+家服务专营店	免费贴膜、清洁、升级服务 保外维修免人工费 服务店9折购买华为品牌配件

图 4-19　华为 ITR 服务流程示意图

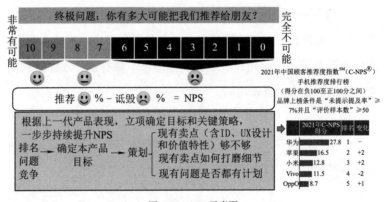

图 4-20　NPS 示意图

NPS 是一种用于衡量客户忠诚度和评估企业业绩的指标。NPS 通过简单的调查问题评估客户对品牌或产品的推荐意愿，从而对客户满意度和忠诚度进行分析。

NPS 调查通常以问卷形式进行，其中包含一个问题："在一个 0~10 分的评分尺度上，请问您有多大可能会向朋友、家人或同事推荐我们的产品／服务？"根据回答，客户被分为以下三个群体：

• 推荐者（Promoters）：给出 9~10 分的评分，表明极有可能向他人推荐。这些客户对品牌非常满意，他们是忠实的用户，并有可能对品牌做出积极的口碑宣传。

• 中立者（Passives）：给出 7~8 分的评分，表示他们对品牌或产品有一定满意度，但不够激情和忠诚。这些客户可能同时会尝试其他竞争对手，并不会积极地推荐。

• 批评者（Detractors）：给出 0~6 分的评分，表明他们对品牌或产品不满意，存在消极的观感和意见。这些客户可能会对品牌传播造成负面影响。

NPS 通过用推荐者的百分比减去批评者的百分比计算得到结果，得分范围是 –100~+100。较高的 NPS 分数通常被视为代表着良好的业绩和较高的客户满意度。如果调研结果是 80%，则意味着有 80% 的人愿意推荐，这意味着复购率可能高达 80%！

NPS 是产品重要的考核指标，但 NPS 不仅依赖于客户，还需要依赖产品。所以，服务部门有一个很重要的使命，就是要把客户的反馈带给产品，通过后续产品的改善，提高用户体验和满意度。

协同上市

在 IPD 流程中，上市活动与立项、研发、制造等都是并行的，甚至上市的第一个点比立项的点还要早，如图 4–21 所示。上市仅仅是产品的上市，从消费者的需求洞察、理解市场，从市场角度验证产品的需求真实性，都需要并行开展。

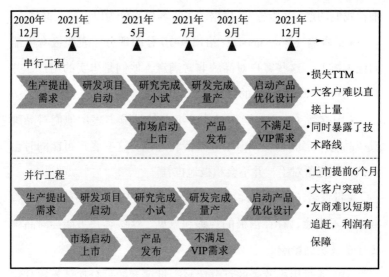

图 4-21　产品开发和产品上市的协同

协同销售：与销售互锁

与销售互锁，是为了保证产品的价值变现，最终达成商业成功。这就需要提前设定销售策略。比如产品的线上销售策略和线下销售策略，在什么市场达成什么样的销售份额，每个产品要卖多少，等等，如图 4-22 所示。

这就涉及需求利用率的问题，IPD 强调互锁，即双方都要有承诺，销售部门要承诺的销售目标能达成，但权力是可以给产品研发部门提需求，告知需要什么样的产品竞争力。反过来，研发部门要承诺产品竞争力，要满足销售部门提的需求。通过这样的互锁来确保产品立项的时候就对准靶子，确保销售目标可达成。

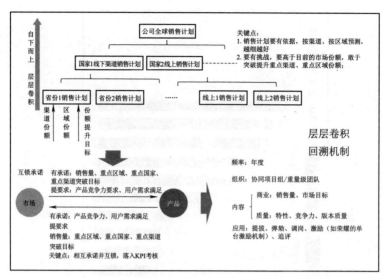

图 4-22　与销售互锁

Charter 的立项流程和组织支撑

2007 年，华为的市场部办公会议上呈现了一个数据，指出华为现在有 3 万多名研发人员，但开发出来的软件版本 25% 是废弃的，这是很大的一个浪费，相当于浪费了 1/4 的人力资源。而华为也从 2008 年开始严格控制流程，提升 Charter 的质量，并提出了像开发产品一样开发高质量的流程的要求，如图 4-23 所示。

从产品的角度来说，要想实现最大化商业价值，Charter 阶段所有的环节都会以指数倍增的形式在市场阶段放大。所以，质量立项必须作为一个项目进行管理，其中包括它的立项、预算、投入、考核这些都要纳入进来，立项本身就引入了 Charter 的开发流程。

Charter 有标准的流程，需要专门的组织支撑。在华为，Charter

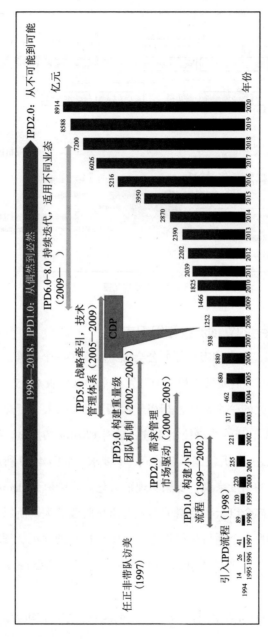

图4-23 华为IPD发展历程与对应的销售收入增长

旗舰战法

的开发由 Charter 开发团队（Charter Development Team, CDT）负责，Charter 开发流程（Charter Development Process，CDP）提供流程保障，包括要有团队、管理体系、流程的支持，人员要专职，要全流程受控，对各个环节都要提出质量要求。

从图 4-24 可以看出华为引入 CDP 之后的成效：研发的进度改善了，经营目标的达成也提升了，尤其是中长期的目标也变得更容易达成。

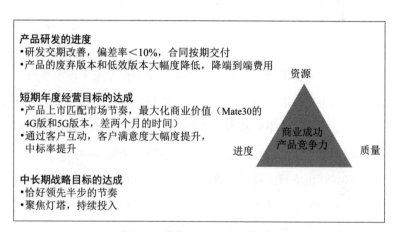

图 4-24　华为引入 CDP 之后的成效

很多企业引入 CDP 流程前后的变化，研发团队成员都有很清晰的感受。在引入 CDP 流程之前，很多所谓的创新产品，客户买单的概率很低，整体复盘团队感觉不错，逻辑也完整、自洽，团队就是缺乏信心。华为也是如此，通过走通 CDP 流程，立项的质量提高了很多。

CDP 流程由"123 模型"组成，分别是：一个团队、两层评审、三个阶段，如图 4-25 所示。

一个团队是指，有一个重量级团队来操盘 Charter，核心是团队的跨部门协作。从图 4-25 可以看出，一个圈的开发流程设计了三个团队：第一个是 Charter 开发团队，主要是由各领域技术专家组成跨部门团队来负责 Charter，最终的产出是共同智慧的结晶，也代表了各领域的共识；第二个，企业设一个 PMT 团队，相当于参谋部，会对 Charter 输出的质量进行预审，但并不做最终决策；第三个，IPMT 团队是管理团队，负责投资决策。这样的三级团队设计，最后形成的决策质量高且重大，从公司层面就给予重视。

两层评审：下面一层是技术评审，主要由专家来评审平时方案正确与否，方案与技术是否可行，市场的数据是否真实；上面一层是管理评审，主要从投资视角看，是一个 top-down（自上而下）的视角。从这里可以看出，技术评审不能终止项目，只有管理评审有终止项目的权限。这就把技术和管理进行了分层，避免带着技术的视角去做管理投资决策，或者反过来从管理投资的视角来做技术投资决策。

三个阶段，不同的阶段都有各自的输出要求，并且每个阶段的输出都有具体的细点和评估。第一个阶段解决 Why 的问题；第二个阶段解决 What 的问题；第三个阶段解决 How 的问题，具体如图 4-26 所示。

CDT 的团队配置，职责也不相同，具体如图 4-27 所示。

CDT 团队中的领导者一般都来自产品管理部，企业中的对应职位多为产品经理。

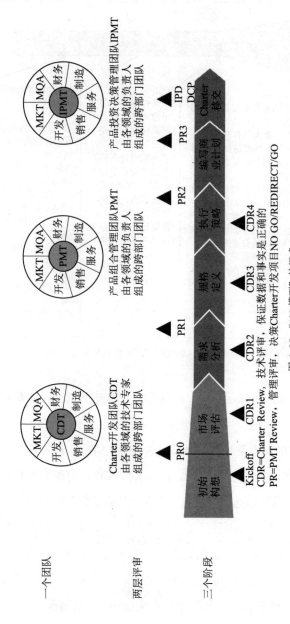

图 4-25 "123 模型" 的组成

一个团队

两层评审

三个阶段

初始构想　市场评估　需求分析　规格定义　执行策略　编写商业计划　Charter移交

PR0　PR1　PR2　PR3

Kickoff　CDR1　CDR2　CDR3　CDR4　IPD DCP

CDR=Charter Review, 技术评审, 保证数据和事实是正确的
PR=PMT Review, 管理评审, 决策Charter开发项目NO GO/REDIRECT/GO

Charter开发团队CDT
由各领域的技术专家
组成的跨部门团队

产品组合管理团队PMT
由各领域的负责人
组成的跨部门团队

产品投资决策管理团队IPMT
由各领域的负责人
组成的跨部门团队

CDT　MKT MQA 财务 制造 服务 销售 开发

PMT　MKT MQA 财务 制造 服务 销售 开发

IPMT　MKT MQA 财务 制造 服务 销售 开发

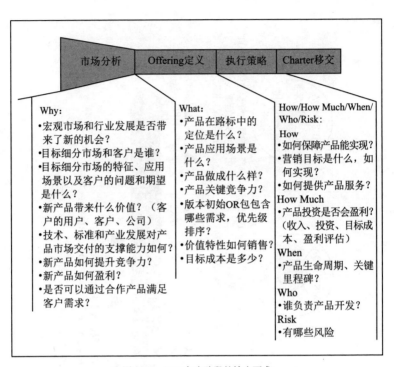

图4-26　CDP各个阶段的输出要求

在实际的团队运作中，经常会出现这样的情况：产品做了一半，发现有一些技术没有准备好从而导致错过关键机会以及上市延期。在华为是这样解决这个问题的：在Charter阶段，在某个阶段识别出存在技术风险，比如必须在规定时间实现技术的突破，因为如果技术无法突破，产品上市必定会受影响。这就需要同步进行一个技术项目，压强投入。技术项目要求在做产品开发的PDT决策点之前，必须完成。产品开发决策输入，就形成三个流程的互锁关系。通过这种方法来规避产品做了一半发现技术没有跟上，导致产品上市延期错过重大市场机会的情况。

角色	职　责
CDT Leader（LCDT）	・对Charter交付的进度和质量负责 ・负责CDT的运作管理：资源和费用的预算和管理、项目计划的制订和监控、风险和问题管理
CDT产品管理代表（PMCDT）	・组织完成市场分析、竞争分析,分析客户价值、××价值，负责完成市场评估,确定目标客户和市场目标 ・需求分析、调研,制定Charter规格，确定产品构想和产品里程碑时间计划 ・组织完成并落实关键路径实现策略 ・制订商业计划、初始产品包需求，监控落实
CDT技术代表（TCDT）	・分析标准演进、技术发展趋势,剖析竞争对手产品架构,论证新产品技术可行性 ・进行内部分层,制定异步开发和CBB重用建议
CDT市场分析代表（MACDT）	・协助PMCDT完成市场发展趋势、竞争环境、商业模式、客户价格期望等方面的分析
CDT策略合作代表（BDCDT）	・分析行业资源,制定合作策略建议
CDT市场代表（MKTCDT）	・负责输出早期拓展材料包 ・负责产品上市策略、营销策略、价格策略等
地区部需求工程师（R-RE）	・负责地区部的需求收集、调研、分析、确认工作
质量保证工程师（QA）	・负责CDP流程的质量保证工作,确保CDT按照流程要求进行Charter开发 ・进行度量数据收集,负责质量报告

图 4-27　CDP 团队配置

Charter 质量的评价和移交

没有对 Charter 质量的评价，Charter 就永远都不会有持续改进的可能。

在华为，考核的指标有两个，如图 4-28 所示。一个是过程指标，Charter 立项到 PDCP（计划决策）。PDCP 是产品冻结规格的节点，要求偏差率小于 30%。所谓偏差率就是项目的四要素包括范围、交期、质量、成本的变化必须小于 30%。如果大于 30%，即判定为不合格。

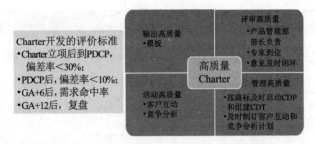

图 4-28　Charter 开发过程质量的评价标准和质量活动要求

PDCP 后是冻结计划，过程指标要求偏差小于 10%。

另一个是结果指标。结果指标是在产品批量上市后的 6 个月统计需求命中率，与当初立项时预测的数据进行对比，并在一年以后再次回溯进行一次对比，并以此考核团队。这些考核就是为了对一个创造性的活动进行量化，并以最终的商业结果对象作为检验标准。

Charter 经 IPMT（投资决策团队）评审通过后，CDP 主要阶段完成，进入 Charter 移交收尾期。在这个时期，CDT 完成项目总结和文档归档，并正式移交 Charter 给 PDT（产品开发团队）后才可以解散。随着 PDT 成立，原先 CDT 各领域的关键成员加入 PDT 团队继续进行产品开发，产品管理代表负责持续跟踪需求落地。如图 4-29 所示。

Charter 的过程交付件包括：

• 《××市场评估和市场需求分析报告》

• 《××竞争分析报告》

• 《××技术分析报告》

• 《××细分市场需求排序》

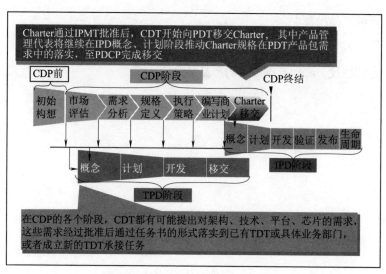

图 4-29 Charter 的开发与移交流程节点

- 《××营销策略》
- 《××产品商业设计报告》
- 《××客户技术服务策略和计划》
- 《××任务书材料包》
- 《××投入产出分析报告》

向开发产品一样开发高质量的 Chater，是旗舰战法的精髓所在。

所有的商业成功，都要经历三个阶段。第一次是心胜，第二次是谋胜，第三次是战胜，Charter 就是谋胜阶段，要在纸上先胜利一次。

华为 IPD 开发流程虽然师承 IBM，但通过不断的演进和发展，已经不仅是一套流程，而是成为一套实战方法，也被应用到更宽泛的产品投资中。

高质量的 Charter 背后是高质量的产品开发，旗舰产品要打确定的胜仗，必须有旗舰级的产品品质。

第五章
旗舰产品一定是旗舰级品质

如何保持旗舰产品的品质？

旗舰产品一定是旗舰级品质，确保旗舰产品的品质是实现旗舰产品商业价值最大化的关键举措之一。提供满足顾客期望的产品将有助于提升品牌声誉、客户忠诚度和市场竞争力。那么如何确保旗舰产品的品质？

理论上，有以下几个关键步骤：

（1）旗舰产品一定要有明确的质量标准。这需要明确旗舰产品的设计、性能、功能和外观等方面的质量标准。这些标准应基于市场需求、竞争对手的产品以及顾客反馈等信息。

（2）旗舰产品的供应链体系管理更为严格。其中包括建立稳固的供应链合作伙伴关系，并确保供应链体系符合旗舰产品规划的质量标准；监控供应链的质量控制流程，确保原材料和组件的质量符合要求。

（3）确保设计和开发阶段的质量。在产品设计和开发阶段，注重质量保证，执行严格的设计审查、原型测试和质量控制措施，以预防和纠正潜在问题。中间需要通过小 IPD 流程，推进异步开发和并行工程，以协同思维制订出"步步为盈"的计划书。

（4）制造端，严格的制造工艺和生产控制，建立详细的制造工艺流程，并进行严格的质量控制和监督。采用先进的生产设备和技术，确保生产过程中的一致性。

（5）进行全面的产品测试和验证，在产品制造完成之前，进行全面的产品测试和验证，包括性能测试、可靠性测试、安全性测试等。这有助于发现和纠正任何潜在的问题。

（6）建立起标准的质量管理体系，包括流程标准化、过程文档管理、内部审核和培训等，以确保质量控制措施的可持续性和持续改进。

（7）监测用户反馈和市场反馈，包括投诉、建议和市场研究等。及时响应用户的需求和问题，并进行适当的改进和创新。

（8）建立质量文化和团队责任感，培养组织内的质量意识和团队责任感，确保每个人都对产品的品质负责并积极参与质量控制活动。

不同的企业有不同的组织结构和企业文化，如果要从以上关键步骤中提炼具体的执行策略，简单来说可以分为以下三点：

• 通过实践，构建指哪打哪的团队执行力；

• 通过 IPD 流程确保旗舰产品的过程质量；

• 从高质量的 Charter 走向高质量的产品开发。

"指哪打哪"的执行力

很多企业，能够做到提早洞察技术发展趋势，获得机会窗口，却往往会出现"起个大早，赶了个晚集"的情况。那么如何才能做到及时把握住机会呢？

事实上，华为的方法也并非秘密，背后就是执行力，所以说执行力是一切的基础。理论再先进，目标再明确，达成的路径再清晰，缺乏执行力，一切都是空谈。

2011 年有一段时间，负责华为消费者业务的余承东经常在凌晨 2 点左右发微博。这个时间正是他与同事开完会的时间，每次开完会他都会把一些感慨发到微博上。他曾经在微博上说，吹牛和不谦虚的最大区别是，说到要争取做到。

很多时候，勤奋是执行力的代名词，但也不完全相同。

2018 年开始，华为与赛力思开始合作，华为全面赋能赛力斯，在研发、生产、营销等各个方面深度合作，并打造了全新的问界品牌。赛力斯也因为华为的加持，名声大噪，并在新能源汽车领域势冉冉而起。

华为和赛力斯的合作，赛力斯的员工就非常感慨华为员工的奋斗精神和执行力。华为员工到晚上 10 点多经常还在开会，闭环当天的问题、复盘工作改进、讨论第二天的事项。

那么，执行力来自什么？首先是勤奋，其次是目标清晰，且足够聚焦，把时间和精力投入到主力产品上，并且形成压强。

2006 年，华为通过分布式基站突破欧洲市场。分布式基站的创意并非华为首创，之所以能后来居上，是因为最早提出的企业迟迟无法推出相应的产品。诸多技术细节背后有一个关键问题，即要把基站内有电路的东西放到铁塔或者屋顶上去，环境恶劣，温差大，要求产品质量必须可靠。可靠性不够，方案就不可能投入市场，尤其在欧洲发达国家，维护的成本极高，只要产生一次维修动作，所有的产品收益就会被全部抵消。

也正是这些问题，欧洲同行放弃了研发。而华为人就是要挑战极限，死磕难题。华为想要使用这种架构，就必须把质量、可靠性做得足够好，克服很多难题，包括技术、应用、材料等的难题。

2G技术是纯语言电路交换技术，而3G是语言/数据融合IP报交换技术，国际电信巨头在这方面起步早，如果能突破早就突破了。

而对当时的华为来说，需要统一各种不同的制式软件，风险很大，这几乎是一项不可能完成的工程。除此之外，3G技术是一种新业务，应用层面会触发用户重新选择服务供应商，尤其是高端价值客户。而在施工方面，传统的搬迁建设模式难以支持2G/3G的投资，越是热点地区、人口稠密地区，机房选址、扩建越困难，不断搬迁的工程量和费用都很惊人。

各种困难非常多，但华为人不信邪，国外厂家搞不定的华为人却坚决搞定。

另外一个例子就是组串式逆变器。组串式逆变器是全封闭的，散热是个难题。德国SMA公司1991年就研发出了组串式逆变器，但功率很低，只有3.2kW，经济性不够，把功率做到17kW才能达成每瓦成本的相对优势，但散热的挑战就来了。SMA公司因为无法突破散热难题，一直没有规模商用。华为看到了组串式逆变器在发电效率、维护成本等方面的优势，就坚决投入，各种创新尝试，最后通过均热技术加以解决，并从 17kW、28kW 到 45kW，持续突破，始终走在行业前列。

旗舰产品一定有技术的长板，很多技术创新和创意点并非企业不知道，而是大家可能都知道却做不到，或是我敢去做而你不敢去做的问题。这涉及投资决策，本质上还是执行力的问题，即企业是否下定决心去打赢这场仗。

华为的软交换产品也是如此，欧洲公司觉得很难，不敢碰，华为 1000 多人，疯狂投入用几年时间才有所突破。

华为的旗舰产品，用分布式基站做到全球无线第一，用组串式逆变器做到全球光伏第一，用软交换横扫全球电信机房，旗舰产品背后一定是极强的执行力。

从打哪指哪到指哪打哪

旗舰产品的开发，从一个高质量的 Charter 开始，也就是旗舰产品的具体执行策略。

任正非说过："我要在纸上先胜利一次，如果在纸上都不能胜利，那在工作中胜利的概率是很低的。所以要通过谋划，通过有效的策划，先在纸上做到成功，再通过工作中的执行、监控、支持，在工作中取得胜利。但重点是在纸上先胜，谋定而后动。"

企业要有强战斗力，必须从"打哪指哪"转变为"指哪打哪"，但实际的执行中企业很容易变成"打哪指哪"。比如，研发部门多是根据过去的经验和能力做计划，而不是根据竞争和市场需要来做计划。很多项目只有一个大的里程碑计划，没有比较详细的计划，从而不可执行。有的企业虽然制订了目标计划，但实际是否执行到位却不得而知。这种情况也非常普遍。

很多事情看起来不可能完成，但只要做好项目管理，最终就能成功。

2020年，新冠疫情突发。武汉的雷神山、火神山医院10天时间就建了起来，被国际社会公认为中国奇迹。背后的执行力来自如下几点。

第一，目标清晰，标准包括验收标准、过程标准都非常清晰。

第二，计划做得很细，分工明确，职责清晰。有些工作是边设计边施工，有些工作是必须串行，比如防渗漏工作做完才能在上面做工程，这种硬次序是必须遵守的。

第三，有力地执行，当时全国都能够通过云监控看到进展，这既是压力，也是激励。过程监控非常重要，落后者一定是有压力的。

第四，决策机制，有很多决策并非最高层来做，而是由小组在项目部里面做，不需要上到市里的指挥部做。只有让决策充分下沉，才能提升效率。

当然，这个项目有它的特殊性，就是资源的饱和投入。因为项目的关键点是进度和质量，所以资源投入非常高。一般的项目是拿不到这么多资源的。

通过这个案例可以得到启发，就是企业要达到进度目标、质量目标，投入还是要有一定保证的。如果企业的总资源有限，就需要先想一想是不是聚焦，一定要减少 SKU 的数量，集中精力，形成局部优势。

IPD 流程确保旗舰产品的品质

执行力是一切落地的基础，又非常难以捉摸、很难具体衡量。在销售工作中，销售数据经常被作为执行力的衡量标准，但就产品品质的控制、技术的研发，执行力强并不容易衡量。

旗舰产品要确保开发过程中的品质，关键在于对计划执行过程的品质控制，这个品质控制过程就是为了确保一次把事情做对，旗舰产品的开发几乎没有试错机会，需要通过 IPD 流程确保过程品质。

IPD 的本质有以下几个关键的特征，如图 5-1 所示。

一是异步开发。计划执行的过程中赶不上进度是常见现象，有时候并非员工不勤奋，也可能是计划不够完备。企业要做总体的产品规划，识别出关键的技术点，提前进行技术准备，否则只靠勤奋和加班是搞不定进度的。

二是并行工程。很多工作都需要不同部门从一开始就都参与进来。跨部门团队才能确定并行工程的执行，调动更多全局、全面的资源。

产品开发过程中，也会遇到增加需求、特性的情况。这就涉及进度、质量、成本的均衡，最终就是通过变更过程控制来完成，在 IPD 流程中称为 PCR（Plan Change Request，计划变更请求）。通过 PCR，团队重新审视市场、客户需求、竞争力、成本、质量等问题，进行充分评估并做出决策。所以，突破往往伴随着风险，团队必须以最终的市场为目标，以赢得胜利为目标，去拼杀。

企业一定会遇到计划不全面的情况，计划本身是一种行为，需要团队的支撑。一定要把计划的严肃性提上来，它实际上是一

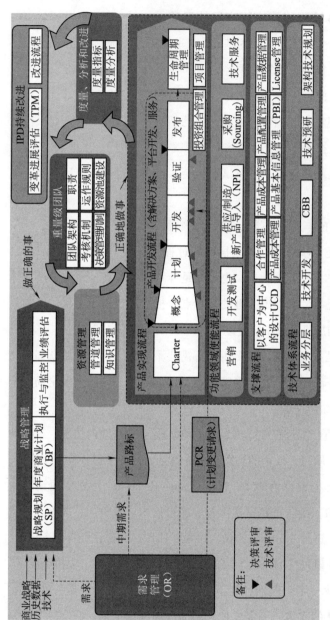

图 5-1 IPD 研发投资管理框架

种承诺，是员工对公司的承诺，也是部门对公司的承诺。只有提高严肃性，员工才会认真去想该怎样去突破，需要公司提供哪些支持。

一个组织要有两种根本能力：一是解码能力，二是项目管理能力。这两种能力是企业打仗的基础能力。解码能力，就是把工作目标进行分解，知道如何把里程碑计划进行分解，把大风险分解成小风险点。项目管理能力是有效协同执行的能力，常说的以客户为中心落到具体的能力上就是以项目为中心的运作。因此企业要提升执行力，需要从原来的职能组织运作逐步转变为以项目为中心的运作，而项目管理能力就是基础的基础。

华为之所以有战斗力，除了激励机制，很重要的就是因为整个运作是项目化的，实现了过程的可控化。项目管理能力也是华为每一个主管、每一个专家，甚至每一名员工的基本能力。

在这两种根本能力之外，还要有运作机制保障。一个是企业的闭环管理机制。不能闭环管理的组织一定没有战斗力。闭环要有管理平台、工具、IT。另一个是要有评价机制，良好的评价机制解决项目团队的动力问题。干部任用、员工评价、奖金机制都解决了，才能把事情做好。

从高质量计划走向高品质开发

《孙子兵法》有言："多算胜，少算不胜，而况于无算乎？"Charter 就是先从纸上胜利一次，如果事先没有计划，不能做到谋全局再谋一域，谋定而后动，那么在执行中一定会出现问题。

研发投资的计划必须掌握在企业自己手中，必须把计划做到位。当然，这个计划是广义的计划，不仅指里程碑和时间计划表，还包括很多，后文会阐述涉及哪些组织和团队。

产品开发过程的本质是什么？计划管理。

而计划具体包括什么内容？进度、质量、成本、范围、风险。

首先，质量、进度、成本是基本。其次，范围的控制非常重要，计划要明确做哪些特性、指标做到什么程度。最后是风险计划管控、过程监控。本质上，即通过项目管理，使企业项目取得最终的商业成功。所以，一个"步步为盈"的商业计划书，是为了获得商业的成功，在决策团队投资意向达成后，就要真正付诸实践，追求最大化价值。

Charter 和执行计划的差异

Charter 只是定义了一个内容，而计划是在 Charter 的基础上进一步深入具体的各个方面，且要形成逐级的实践作为支撑。这个支撑要通过实际的数据来呈现，利用数据来论证 Charter 中所提出的目标是否能够解决，要不要做，怎么做才能取得胜利，怎样做才能获得差异化的优势。Charter 要解决的是从理论逻辑到实际的问题。同时还要解决的一个问题是，市场预测和投资回报率（ROI）的关键问题。执行计划要清晰、确定性回答，通过竞争雷达图明晰在哪些方面实现全包围或局部超越，是否可以形成战略控制点，这就是 Charter 的定位。

而执行计划只有成功路径和价值特性是绝对不行的，必须要落到实地，要克服时间阻力、技术阻力、人员阻力等一切问题，执行就是目标的达成，否则最终的产品就是不完整的。即便只是一个技术不达标，也会影响整体的最大化商业价值实现。因为一项技术不达标，可能就会导致项目失败。

计划一定是全流程、全领域、全要素的，只有这样才能称之为完整，最终目标才能实现。Charter 里只有方向和初步的策略，执行计划里只有这些还不够，要不断迭代。

这个迭代的过程就是从项目早期的一个初步计划，逐渐到里程碑（评审节点）计划，再到一级计划，逐渐向下细化延伸，一步一步落实执行的过程，可能会形成二级计划、三级计划甚至四级计划。三、四级计划会明确一些关键的活动，以及达成三、四级计划需要哪些前置条件、资源。所以计划是迭代的，这是一个看起来复杂，却是把具体工作逐级落实的过程，确保每个重要节点可控，并对风险做到提前管理。

一是要确保一次性把事情做对，因为一旦某个关键节点出错，就会形成十倍效应的差距。如果反复折腾修改、调整，成本非常之高。越到计划执行的后期，尤其到了产品制造阶段，修改的代价越高，花费的时间越长，甚至在后期一个细节的错误将影响整个计划执行的成败。

"步步为盈"的商业计划书，要想真正成为指导意义文件，一定要有"吵架"的气势，最终才能在理论上得出计划的可行与否。领导给出目标，下属要去评估目标能不能达成，再看自己究竟有哪些差距，应该用什么样的方法去解决。如果差距解决不了，员工就要评估风险，哪些风险可以管理，哪一部分不能接受，积极跟领导沟通，不要回避跟领导去探讨、调整，这个过程才是计划的全过程。

计划是个动作，先有计划动作，才有计划书，最后才有执行成果。企业做计划，往往把计划动作做得很轻，把计划的成果仅仅写在纸上远远不够，没有计划动作的计划不会有丰硕的成果。

计划的"三性"

CCA，即 Challenging、Comprehensive、Achievable，是计划制的"三性"原则，简单来说就是挑战性、全面性、可实现性，是一种描述目标设定或计划制订的方法或原则。计划"三性"，确保既能够激发项目组挑战更高的目标，又具备合理和可实现的性质。

• 挑战性（Challenging）：目标应当具有一定的挑战性，鼓励个人或团队超越现状，并为成长提供机会。挑战性的目标可以激发项目团队的激情和动力，促使团队成员更加努力地追求成功。

• 全面性（Comprehensive）：目标应当是全面的，涵盖关键的方面和要素。全面性目标要求考虑各种因素、资源和策略，以确保目标的完整性和可持续性。

• 可实现性（Achievable）：目标应当是可实现的，基于可行性和现实性的考虑。设定可实现的目标可以增加成功的可能性，保持动力并避免因不可实现的目标而导致的失望与挫败感。

CCA 方法强调了设定目标时需要考虑到挑战性、全面性和可实现性的重要性，目的是实现更高效和有成效的结果。这个方法可以应用于个人目标设定、团队项目管理以及组织战略规划等不同层面的目标制定过程中。

在这个商业充分竞争的时代，平庸注定失败，必须追求卓越。还要具备集成作战思维，要有全面性，不仅要有开发计划，还要有销售计划、制造计划、产能计划、服务计划等，要定策略、定质量、定工具，这就是计划的全面性。

挑战性和可实现性看似矛盾，其实，通过模式创新和有效的策略组合，是可以同时做到的。比如，进度紧，软件开发工作量大，就可通过良好的软件架构设计和可靠的OTA（On The Air，在线升级）方式迭代交付。再如，产品发布时间是刚性的，但技术风险大，就可通过增加投入、多路径进行技术准备，一条路径失败还有其他路径可用。

如何确定目标

计划的首要任务是制定目标，TQC（Time，进度；Quallity，质量；Cost，成本）是计划目标中的关键内容。除了这三点，还要注意销量目标、财务目标，包括收入、利润、格局等。当然，计划成功实现的过程也是企业能力建设、平台建设的过程，企业的能力只有通过打胜仗才能真正夯实。

不管是带队伍还是做工作，凡事都要先明确目标。英国有句谚语：无目标地努力，犹如在黑暗中远征。一家企业一定要有企图心和基本成长逻辑，始终关注平台打造，为下一个项目、产品系列做准备。

确定目标，有两点很重要。一是企业的激励机制，主要目的是提升团队工作的积极性、自主性。二是确定目标后，很多工作部署、监控需要一一到位。团队目标需要清晰的项目方向，员工能动性提高后，要有道路指引，员工想努力，要知道怎么努力怎么做才能获得成功，这就形成一个良性循环。

所以，目标很重要，一开始就要把目标定清楚。再加上底层的动力机制，很多工作就能向前高效地推进。TQC、财务、服务、能力建设、平台建设等目标都要去识别，并定义出来。

那么如何确定这些目标呢？通过"过程和工程"活动的详细论证，竭尽全力地"吵"出目标。当然，计划过程不是下级跟上级博弈，而是上级提目标，下级看怎样去达成，与达成目标有哪些差距，应该怎样用创造性的方法去解决差距问题，或者要求上级进行适当的取舍和适当的资源投入，这是一种共创的过程。

同时，在工程方法上，对产品进行分解，要有结构化思维，思考困难如何去克服，包括可制造性、可服务性、可销售性、可测试性等。同时，清楚背后的依赖关系，哪些事情是必须前置的，哪些事情是终点。

当领导者提出目标时，自身要非常清晰目标达成的可能性，确定基本是可以实现的，这一点非常重要。只有目标是可以达成的，执行层才会围绕目标，创造性解决问题。

例如，华为与塞力斯宣布合作，有一个目标是一年推出 3 款车。为什么要提这样一个目标？

因为华为在受到美国的打压制裁之后，手机渠道门店没有手机可卖，必须用车去填充门店的业务，否则门店会活不下去，甚至这些门店可能会转做其他品牌手机。华为有很现实的压力，必须快速推出汽车新品，支撑门店的业务活下去，这是业务需要，战场需要，目标的设定有它业务上的合理性或必要性。

问题在于，汽车工业开发一款汽车一般都需要 3 年到 5 年，比如说 5 年推出一个大版本，每年出个小改款。华为要求塞力斯一年推出 3 款车，业界就有人说华为不懂车，纯粹外行。这不是调侃，但华为的计划有现实的业务诉求、战略诉求。

华为怎么解决这个问题？抓问题的关键，华为执行了一个重要的动作，就是平台重用。不仅是制造平台，更关键的是技术平台化的问题。

技术平台化是华为能够持续领先同行的不为人知的密码。华为会基于核心的市场，用技术平台打开产品矩阵，针对不同的客户群，进行全面覆盖，用不同的技术支撑不同的市场、产品。

汽车最重要的是人身安全问题，所以技术必须重投入才能实现超越同行的目标。华为一年3款车的做法已经在新能源汽车卷起了很大的浪花，并带动了传统汽车行业向新能源汽车看齐。

计划的关键：做全和做深

计划的制订有两个关键要素：一个是做全，一个是做深。

并行工程、异步开发讲的是要做全，不仅要有开发计划，还要有销售计划、制造计划、服务计划，覆盖全流程、全领域、全要素。

全流程是从开始到生命周期结束，涉及怎么开始，怎么终止，怎么替代，怎么做服务。

全领域是从销售、制造到采购一整套。全要素是企业不仅有进度计划，还要有相应的资源计划。不能只有目标，没有资源投入，没有资金、人力的投入，没有物料和设备的投入，没有风险管理。

为什么一定要做风险的管理？企业没有风险管理是很要命的，要首先有风险意识，然后才能管理好风险。同时，要考虑可能的挑战。通过一些工程方法做论证，也就是说，达成计划是一个过程，必须有动作支撑。以服务为例，企业不仅要做服务的技术、服务的资源投入、服务的工作准备，还要做服务策略，把事情讲清楚。如一家电视机企业，产品替代关系没有梳理清楚，最终就会造成产品矩阵混乱。这就需要做好产品生命周期管理，做好服务策略。

那计划怎样做深呢？以半导体行业为例。半导体行业对装备要求越来越高，进行技术研发的同时，还需要很多进口装备。而装备本身也要做一个计划，一方面要在内部走采购流程、做预算，另一方面要与供应商谈合作。目的是让供应商按照企业的计划行动，或者反过来，让企业计划适应供应商的计划，形成互锁。

同时还要准备 B 计划。比如，如果出现供应商跳票的情况，企业应该有提前的预案，用国产替代还是另外寻找供应商。否则，就可能导致整个项目出现风险。半导体项目都是大投入，投资金额都是以亿元为单位，没有企业可以承担这样的损失。

针对技术准备，计划中要识别出一些关键技术，提前进行研究。这就需要评估，看看是否需要提前部署。

再就是依赖关系的管理。企业的技术准备，不是完全准备好了才做产品，很多技术本身并没有完成，但已经启动产品开发，这时候依赖关系的管理就非常重要。项目经理一定对依赖关系有确定的预判。供应商依赖关系也是如此。

计划是渐进互锁的

全，全流程、全领域、全要素；深，可达成，论证过，锁得住。目标的互锁，进度的互锁，方案的互锁，资源的互锁，资源投入也很重要。

计划过程是从上往下的互锁，是创造的过程，也是一个渐进明晰的过程。

Charter 背后的一级、二级、三级、四级计划背后，都要权衡质量。做计划是一门科学，没有资源就无法实施，所以也要有一个资源计划，要有优先级取舍，这样才能把计划做得既有挑战性，又有可实现性。

挑战性和可实现性，是对立统一的，其背后是创造性的互锁和分解。计划要尽可能清晰，每一个计划也必然有假设，存在的风险就要被管理。

计划过程的背后是组织能力的体现

计划最终要分解到各个领域，同时在执行中必然需要管理依赖关系，这就要建立组织的积极性，要从"打哪指哪"变成"指哪打哪"，这背后需要思考三点。

第一，目标是否清晰，并且目标要适用 HBC（历史、对标和客户需求），一定是从外部视角来定目标，不能内向型地定目标。

第二，目标的要素是否分解，关注从时间轴、空间轴，从逻辑关系、依赖关系来讲，目标要素是否分解。

第三，目标的达成。是否论证，是否有"吵"出来的结果，要通过碰撞、头脑风暴找到达成路径。

简单总结就是，一方面要结果，另一方面要逻辑。设定目标时关注两个点，一看目标达成的可能性，二看下属向管理者呈报计划承诺的结果是什么。管理者要看到它的可达成性。下属要阐述计划能达成的逻辑是什么。只有这样，才能把计划做到位，才能做到"指哪打哪"。

杜绝新品上市的质量风险

计划有两个关键，一是做全，二是做深。做全需要视野，做深就要深度策划。一个办法就是在实践中历练，必须有打胜仗的思维，在旗舰产品的打造过程中寻找真知，提炼方法论。只有在胜利之下，才有对经验的亲历感，以后做起来才会更加自信。

旗舰产品的打造过程中，技术或质量目标需要提前策划，策划就是提前把事情做全、做透、做深。对其中的关键点，比如利润，提前策划好如何规划出来，设定清晰的目标，寻找达成目标的路径。技术质量策划是杜绝旗舰产品上市质量出现问题的关键。

举一个老牛过老桥的经典案例。老牛的重量是800kg，但是老桥承重只有700kg，那么老牛应该如何过桥呢？如果是一个团队操盘解决这个问题，领导者就要有通盘思维，要让牛过桥，首先要设定一个目标，顺利过去，桥不能塌，牛不能掉在水里。

这时就有两种选择。第一种选择是老牛直接过去，因为桥在设计时一般都有冗余量，有的可能在50%以上，也就是说700kg的承重标称，实际可能1000kg也不会塌，但这只是可能。所以，如果直接过去就是一种冒险思维，企业有时需要冒风险做工作，而风险越大，背后的收益也可能会越大。

第二种选择，因为牛的重量超过了桥的承重限制，需要找到一种巧妙的解决方案。在解决这个问题之前，我们需要思考一下桥的结构和牛的特点。

一种可能的解决方法是使用一些辅助工具。可以尝试使用绳子或者其他的材料来增加桥的承重能力。例如可以将绳子系在桥的两端，然后将绳子固定在其他坚固的支撑物上。这样一来，绳子可以承担牛的部分重量，减轻桥的负担。通过这种方式，牛就能够安全过桥了。

另一种解决方法是修改桥的结构。可以加固桥的支撑柱或者增加桥的横梁，从而提高桥的承重能力。这需要寻找专业的工程师或者建筑师来设计和实施这些改进措施。通过这种方式，可以确保桥能够承受牛的重量，使牛能够顺利过桥。

当然，过桥不是最终目的，对于企业来说，达成客户的需求才是目的。目标就是把牛送到对岸，而通过桥过去还是用船运过去，只是手段。

企业做工作，没有最佳方案，有时进度要求很高，必须尽快达成目标，形成闭环。

技术质量策划

技术质量策划是确保旗舰产品质量的基础。一个技术质量策划包括两个关键前提，一是对用户需求的准确理解，二是对风险的评估。技术质量策划一般包括以下六个关键步骤：

（1）明确质量目标：在技术项目开始之前，明确并定义质量目标。质量目标应该具体、可衡量和与项目需求相一致。这些目标可以涉及技术可靠性、性能、安全性、可维护性等方面。

（2）确定质量要求：在此步骤中，识别项目所需的质量要求和标准。这包括相关技术规范、行业标准以及客户的期望。明确这些要求将有助于确保项目在技术上满足预期水准。

（3）制订质量计划：根据质量目标和要求，制订质量计划。质量计划是一个文件，其中包含详细的质量控制和质量保证措施，以确保项目在技术上达到预期目标。计划中应包括测试策略、测试方法、测试阶段、责任分配等。

（4）实施质量控制：在项目的执行过程中，执行质量计划中的质量控制措施。这包括监督和管理项目的技术过程，进行技术详情的实施和监督，并及时发现并处理技术问题，以确保质量目标实现。

（5）进行质量评估：在项目完成阶段或里程碑中，进行质量评估。通过质量评估，跟进项目在技术上的实现情况，检查是否符合质量要求和标准。评估过程中，可以使用各种技术工具和方法，包括代码审查、测试和验证等。

（6）进行持续改进：基于质量评估的结果，识别存在的问题和改进机会。制订和实施相应的改进计划，以解决技术缺陷、提高效率和质量水平。持续改进的过程是一个循环，可以持续优化技术质量。

通过运用这六个步骤，可以确保项目在质量方面得到适当的规划和控制。技术质量策划的目标是确保项目的技术实现符合要求，严格控制、杜绝可能出现的风险，并持续改进技术过程和结果。

前文提到的老牛过老桥的例子，本质是对需求和风险的识别，以确定目标和验收的方法。其背后的逻辑是结果导向，不是说企业有了需求再做方案，而是有需求先定目标，再看现在的能力，分析差距是什么，依据差距确定策略、行动和控制计划，最后是跟进和闭环。

要进行有效的质量控制和改进，这里介绍两个模型，分别是需求视角的 HBC 模型和风险视角的 NUDD 模型。

HBC 模型

前文在介绍产品竞争要素提炼时提到了 HBC 法，这里的

HBC 模型，依然是按照历史、标杆、客户三个维度去检视质量的改进。表 5-1 是以某家电企业作为案例进行分析，从中可以感受到 HBC 模型的使用方法。

表 5-1　某家电企业的 HBC 模型分析示例

分析维度	需求 / 问题	目标 / 验收方法	差距	解决方案
History 积累	重庆地区失效率高，原因是高温高湿和硫化	85℃、85% 湿度，硫化粉尘覆盖，1000 小时不损坏	10% 样本损坏	控制和驱动电路模块用灌胶工艺
	运动机构缺乏自锁紧装置，反复开合后会松脱	10 万次开合不松脱	现有方案 50% 样本松脱，需要从设计原理上修改	采用新型锁紧机构，用套环隔断机构运动时对紧固件的摩擦
Benchmark 对标	友商 R 的风量大成为卖场话术的一个亮点	进风口吸住 80g A4 纸	70g A4 纸 100% 80g A4 纸 20% 概率掉落需要加大吸力 10%，噪声持平	不仅要吸烟效果，风量风压也不能低于友商
	M60（发货后 60 个月）报修率 5%，需要改进到 2%，以优于友商	电控单元，85℃、85% 湿度、120% 电压、80% 主电解电容值，1000 小时零失效	20% 样本损坏需要优化设计，但成本压力下，还需再评估加速实验条件合理性	与专业机构合作，通过加速实验识别短板，并验证可靠性，确保 5 年（M60）失效率不高于 2%
Customer 客户	触摸屏在油烟环境下不灵敏	10um 油膜覆盖触摸屏及仿真手，全部模拟操作均正常	还有 20% 实验油品种类不通过，还需评估对正常使用体验的影响	改变电容传感器判断算法，提高灵敏度又避免误触
	M6（发货后 6 个月内）报修率 1%，需要改进到 0.1%，大幅改善客户满意和维保费用	高低温循环（−25~85℃，±10℃/分钟，往复循坏）、85℃ 高湿在线加速试验 1000 小时不损坏	目前 0.1% 返还率，主要集中在电子部件的损坏上	深入开展 DFMEA+PFMEA 分析，识别改进点

如表 5-1 所示，这家企业改进的方法就是按照 HBC 方法，分别从历史积累、对标、客户三个分析维度——对照，按照需求 / 问题，目标 / 验视方法，察觉、解决方案的步骤进行持续改进。

之后这家企业推出新款，问题很快就得到解决。具体这家企业是如何使用 HBC 模型的呢？

H 维度就是从历史的角度看需求及问题，看想要达成的目标，与目标差距有多大，最终的解决方案是什么。过去这家企业的产品在重庆地区的失效率一直居高不下，通过调查和分析后发现，重庆的气候原因，导致高温、高湿及硫化情况严重，空中含硫化物比较多，而硫会腐蚀电路，所以经常出现故障。企业调研发现原因之后，定下了目标，通过一系列操作和方法改进，比如实行"双 85"标准，也就是 85°C、85% 的相对湿度，对硫化粉尘进行覆盖。

B 维度就是对标友商 R，比如友商 R 的产品风量比较大，从销售时刻看，意义很大，尤其对销售员的话术很有帮助，但对于用户使用意义不大。R 友商的标准是在进风口能吸住 80g 的 A4 纸，销售场景非常容易展示。如果友商的产品可以吸住，而你的产品不能吸住，这种对比很容易让顾客做决策——不买你的产品。于是新款产品的解决方案就是提升风压风量，要求风量明显优于友商，要展示吸烟具体效果。

C 维度就是看客户的问题和抱怨。调查显示，厨房里面油烟很重，触摸屏在油烟重的情况不灵敏，要怎么做？ 10 微米的油膜覆盖灵敏度正常，在这个灵敏度之下还有 20% 的油品类型会导致触摸灵敏度不够，这个差距就是新产品要解决的。于是企业提出解决方案，改变电容传感器的判断算法，提高灵敏度的同时又避免误触。这个问题的解决也需要质量的策划和改进计划。

NUDD 模型

NUDD 是新特性（New）、唯一性（Unique）、差异性（Different）、困难性（Difficult）的缩写，NUDD 模型是新产品早期质量风险识别和管理的方法论（图 5-2）。

四性详解
新特性（New）：是否为新的产品类别、新的应用模式等？
唯一性（Unique）：是否从没有人做过的？
差异性（Different）：是否是公司从未做过的新产品？与公司现有产品的差异？
困难性（Difficult）：技术上的困难、量产上的困难等

图 5-2　NUDD 模型：全面识别并暴露风险

NUDD 模型就是按照四个不同的维度在新产品开发过程中进行早期风险的识别（Category）、分析（Analysis）、应对（Response）、管控（Tracking），从而达到降低新产品质量风险的目的。

其实 NUDD 模型不仅适用于新产品研发早期，已经应用于产品开发的全过程，包括产品试产阶段、项目运营阶段等，并陆续推广到了 ODM（原始设计制造商）系统代工厂商和部件厂商，实现了端到端的风险管理。

NUDD 模型是一个标准的方法，该方法可以识别新产品上市的风险到底在哪里，从哪些维度去发现风险，识别并定义可能产

生的风险。如果缺乏这些维度的视角，风险就很难被识别和定义。通过 NUDD 模型的四个维度，每个维度都可以形成单独的思考，然后判断风险高中低，是否可控，如果风险发生是否有应对的办法。

这是一种结构化思维，从空间维度来说，产品包括哪些部件，每个部件都可以通过这些维度打开。再就是时间维度，从产品的全生命周期去考虑，针对不同的需求，设计、测试、制造、服务各有什么风险，在这些阶段会产生哪些问题，都可以通过 NUDD 模型去一一排查、评估，进行系统的策划。从空间维度和时间维度系统分析，可以把风险分析透彻。

表 5-2 是一家公司某款新品研发阶段利用 NUDD 模型做的风险分析。

表 5-2　某公司新品 NUDD 模型分析应用

触发因素	风险点	严重程度	发生概率	应对措施
New 新特性	烟机电机采用新供应商三江机电	低	高	在产品开发进度之外，对电机独立进行充分验证
	内腔体新采用疏油涂层，高温高油及耐久性待验证	中	高	局部区域发货产品中采用，依托售后获取验证后再规模采用
Unique 唯一性	在公司内首次接入 HiLink 智慧家居生态	低	高	与华为联合开发，提前完成软件的认证，并提供 OTA 特性
	在公司内首次采用电机直流变速驱动，驱动器可靠性待验证	高	高	开展电机驱动器提前验证，并通过原理检视评估可靠性

触发因素	风险点	严重程度	发生概率	应对措施
Different 差异性	煤气灶火头采用了聚能环，火苗分布和温度与者产品不同	中	中	基于国内多地区燃气构成以及多厨房场景，构建测试用例，提前验证，并获得数据，评估寿命
	为美观和降本，首次取消了玻璃面板的金属边框	中	中	玻璃面板 B 面增加加强胶，提前独立批量验证和加速实验
Difficult 困难性	烟灶联动是无线通信，家庭电磁干扰源多，影响功能可靠性，需要确保任何场景的100%可靠性	中	高	无线多频段自适应，通信协议加确认、冗余和校验
	为竞争需要，维保从2年延长到5年，5年可靠性有难度，且无法验证	高	高	与专业机构合作，通过加速试验识别短板，并验证可靠性，确保5年(M60)失效率不高于2%

这家公司第一次采用某供应商的电机，因为是新供应商，所以存在一定风险，需要分析风险的高低，以做好应对准备。

唯一性方面，该项目首次使用了华为智能家居的生态，具有唯一性这也要看它有哪些风险。

差异性方面，新供应商的电机有一些新的设计，比如用了聚能环，目的是对火苗进行约束，这也可能会带来一些新问题，因为温度变化可能会使得线路老化更快，需要进行风险评估。

困难性方面，油烟机和燃气灶采用无线通信的方式实现烟灶联动，但家庭环境非常复杂，无线通信的可靠性有可能是个问题，比如信号干扰。

如何做系统任务分解？

任务分解就是将复杂的任务按照一定的逻辑关系进行拆解。新产品开发中，任务的分解要按照空间维度的产品结构打开，按照时间的业务流打开，按照逻辑上的功能依赖关系，依次打开，按照这三个操作原则，任务分解就具有系统性，就像切豆腐一样，越做越清晰。

这样做的具体目的是将系统任务由不可描述变得可描述，由不可定义变得可定义，由大化小，从不具体变得更具体，从不可管理变得可管理，这是一个系统的过程。系统任务分解是实施和管理大型项目的一种常用方法，通常遵循以下原则：

（1）自上而下：系统任务分解从整体开始，逐步将任务分解为更小的子任务。首先确定整体任务的目标和要求，然后将其划分为更小的部分。

（2）可管理性：分解的子任务应具备可管理性，即可以分配给团队具体成员，并进行跟踪和监控。每个子任务应该具备明确的目标、范围、时间和资源要求。

（3）适当程度的细化：任务的分解程度应适中，既不过于粗颗粒导致难以管理，也不过于细化增加管理复杂性。合适的分解水平有助于确保任务的可控性和可实现性。

（4）按需求等级：任务分解可以根据需求和目标进行不同级别的划分。较高级别的任务可以进一步分解为更细颗粒度的子任务，以便于更确定性的管理。

（5）依赖关系：在任务分解过程中要考虑任务之间的依赖关

系。某些子任务必须在其他子任务之前完成，某些子任务又必须和其他子任务同时完成，因此依赖关系在任务分解和规划中需要明确定义。

通过系统任务分解，一个复杂的任务可以逐步细化和管理，使团队成员可以更好地理解和处理任务的各个方面。它还提供了更好的控制和监控机制，以实现整体目标并满足项目的要求。

一个大系统，一定会有子系统，子系统有组件（也称部件），组件有零件，然后是工艺，以及生产过程控制。系统任务分解就是把这些打开分析，看它们分别在什么层面以什么规则运行。

以图 5-3 所示的汽车为例，汽车是一个系统，车身是一个子系统，发动机也是一个子系统，这样一层层打开。发动机最后是材料——铝材，而铝材一定有标准、有要求。再如，汽车下面是动力系统，动力系统下面会分成起动机和发动机，起动机系统又可以分成几个部件：电动机、传动机构、电子控制。起动机用钥匙引领，通常是把发动机带动起来的一部分，这就是一层依赖关系。再往下，一个传动机构里面，有拨叉有机壳，还有离合器的材料。完全打开就会形成一种多边关系，蓄电池、启动开关、支架、发动机的飞轮，各存在相互依赖的关系。

这就是按空间和业务流打开，找到一种逻辑关系，这个逻辑关系就是一种思考方式，是任务分解背后的系统思维。

如图 5-4 所示，汽车系统本身运行的逻辑，第一个动作是闭合开关，把电流传递过去，离合器吸合……任务分解就是要把这些场景全部呈现出来，这样才能进行任务管理。

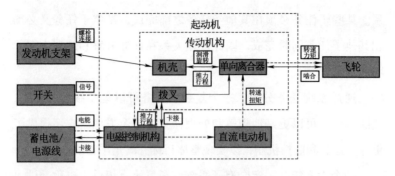

按结构方式逐步展开,相应的性能参数要该层次的相应组件

图 5-3　系统任务分解（以汽车系统为例）

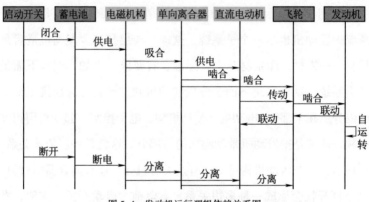

图 5-4　发动机运行逻辑依赖关系图

　　产品运行真实过程就是如此，通过把这些场景在时间轴和空间轴上呈现出来，进行全覆盖。运作过程就是在真实的环境中去验证，按照部件测试、系统测试、系统验证这三个步骤形成一个闭环。技术闭环、商业闭环都是如此。

　　系统化进行任务分解，要控制好过程，做好一个，就快速跟进一个，一点一点做全，一步一步做深。

解决质量底线和刚性进度的冲突

质量和交付之间常常存在冲突。因为在项目或任务中，质量和交付有时候会存在相互竞争的关系。

（1）时间压力。为了按时交付，有时候可能需要牺牲一些质量控制的步骤或过程。这可能会导致质量降低或潜在风险被忽视。

（2）资源限制。有时候项目资源（如人力、预算）有限，导致在质量保证方面无法投入足够的资源，这可能会影响产品或服务的质量水平。

（3）市场或客户需求。客户可能更关注项目的交付和时间，而对质量要求并不那么重视。这可能会迫使项目团队以交付为主导，而在质量方面减少投入。

（4）范围变更。范围的频繁变更可能对项目交付和质量产生影响。当项目范围变化时，可能需要在质量控制和调整方面做出妥协。

如何解决质量和交付的冲突，是一个非常关键的挑战。

例如，企业的测试部很强势时，经常会说产品还没有到测试的状态，产品不能转测试，项目进度就会因此停滞。测试部也会抱怨设计开发把时间已经浪费了，严重压缩了产品测试时间，测试无法完成。

再如，要完成"223"降本指标，需要换掉材料，就要降低一些技术标准或者质量标准，质量就可能会受影响。

这些问题如何解决？下面以理想汽车 L8 的例子具体来看一下。理想汽车的产品规划，原本都倾斜在 L9、L7、L5 这些型号上，L8 是因为竞争需要新立项的。加 L8 进去，整个资源配置计划就会打乱，资源也会被摊薄，那如何在保证质量的情况下守住项目进度呢？产品发布日期是刚性的，他们的解决之道就是按期发布，但部分功能通过后期的软件 OTA 升级提供。这是所谓的进度和范围的矛盾，通过调整范围来守住进度的底线。因为进度很重要，这是竞争的需要。

一家半导体公司的产品指标，要在 –20~85℃ 的温度范围内有 1080 小时的可用度，且是 1080 小时连续工作，实现非常有难度。测试显示只能做到 540 小时。但是缩小温度范围后，可以达到 1080 小时。这也是一桩麻烦事，不同的部门之间就会有矛盾。销售部、市场部要求产品需要绝对过关才能卖，但不让规模销售，工作目标就无法得到验证，这时需要在更多场景去测试验证，必须做几个示范点，把问题充分暴露出来。他们最终的解决方案是先在消费端出货，而禁止在工业端和汽车端出货。

苹果每年的发布会都是 9 月 13 日，而且都是发布旗舰产品。2020 年，苹果采用了新的技术，加上供应链的调整，最后无法发布旗舰产品 iPhone12。对于苹果这样的公司来说，发布日期非常重要，因为发货量非常大，库存也非常大，无法按期发布新品，损失金额不可估量。但是它宁愿延迟一个月，专门在 10 月 14 日再次召开发布会，目的就是不作让步，因为质量是绝对的红线。苹果的旗舰产品生产规模都是 2000 万台起，不能在质量上冒任何风险。

这三个案例分别采用了不同的做法：理想汽车调整范围、调整规格，半导体公司管控风险，通过把指标范围缩小，减少应用场景，风险也可控；苹果因为质量红线不能逾越，调整进度。所以，质量、交期之间一定会有矛盾，但不同的场景解决方法完全不同，而且解决方法没有固定一说。就像苹果，他们通过一个营销活动，把这件事从负面影响修正为正面影响，给用户树立了一种高品质值得信赖的形象。

有时会需要直接终止项目。终止看起来好像属于重大损失，但它可避免更大的损失。IPD流程中的ADCP（可获得性决策评审），里面就有一个可能否定项，一旦触发该标准，可能会把项目砍掉，即便已经有小批量生产，也会把项目停掉。停掉就是为了避免以后更大的损失，不管是商誉损失还是财务损失。同时，企业能把资源释放出来集中做别的事情，降低机会成本。

企业要抱着解决矛盾的思维，而不是零和思维。当质量、交期、成本出现矛盾，不是一定你要服从我，或者谁让步，有时会有"第三选择"，"第三选择"可以"把防御性的负能量转化为创造性的正能量"。同时要不断提升认知，爱因斯坦说，"你无法在制造问题的同一思维层次上解决问题"，需要进行升维思考。

比如国家的军工实力进步，单纯抓军工无法解决问题，必须使整个民用工业体系有进步，军工才能上去。中国因为民用工业企业一步一步强大，是航天、钢铁、造船业、高铁、轻工业都起来，才能做得起来航空母舰，整个软件行业起来，军用无人机才能起来。这就是升维思考。

在企业里面也是如此，要解决一个问题，一定要升维，换一个角度，跳出来，找到解决办法。

还有一种管理的思维"前移"。很多时候，把问题留给领导去做决定和取舍，领导也很痛苦，一个主要原因就是问题暴露过晚，领导已经没有上策可选，即便取舍也是忍痛做决定。这种时候，通常有再多的资源也无济于事。把问题尽早提出来，就会拥有解决问题的更多可能的方法。

仍然以华为为例。华为早期的手机，品牌差，质量也不好，产品的形象跟华为的身份和能力完全不符。根本原因是华为根据100多个运营商的需求做了很多款产品，每年研发100多款，累计研发共上千款。但是数据分析显示，18%的产品占了90%的销售额，66%的产品占了销售额的99%。研发投入很高，商业收益很低。

余承东负责手机业务以后，聚焦做了一个动作，就是砍SKU，把资源腾出来，把研发资源、人力资源集中起来做旗舰产品。这种思路能够解决资源、进度、质量、成本的一系列问题。传统的观念里，质量、成本、交期很多时候都是无解的，就是因为没有换一个视角看问题，没有升维思考去解决问题。企业的管理者要会换一个维度看问题，领导者和主管也要启发团队这样思考。

那如何平衡质量和进度的矛盾呢？

质量和进度的第一关键要素，就是战略聚焦和降低并发数、资源聚焦。做旗舰产品，要集中精力形成压强，这是一个正循环。精力分散，所有的都做不好，每款产品都卖不动，这是负循环，是要避免的。

第二关键要素是需求的把握。频繁地变更需求，质量和进度一定难以保证。

第三关键要素是技术准备，质量和进度的问题往往是技术准备不够导致的，一定要提前做好技术准备。而很多技术问题，是并行工程不够好导致的。在开发产品时才开始攻克技术难关，就会导致很多不确定性，项目计划就变成了脚踩西瓜皮。

又该如何平衡质量和成本的矛盾呢？要降本就必须降规格、降低质量标准吗？事实也并非如此。

农夫山泉就是一个很好的例子。农夫山泉抓成本的同时保质量，就是打开成本结构一点一滴审查的结果。农夫山泉早期的运输成本占比很高，后来才全国布局工厂。比如半径400公里内，就需要有一个水源地，保证物流成本可控。同时，农夫山泉在包装设计上也有降本的策略——设计颜色单一，印刷成本就低。农夫山泉还根据场景做了一些事情，比如酒店场景从550毫升减少为500毫升。农夫山泉所采用的就是一种解决质量和成本矛盾的典型思路。

质量与成本的均衡主要取决于设计阶段。而质量和成本在具体场景下又需要围绕商业的成功，寻找平衡。

（1）就客户满意度和产品质量的平衡，质量是平衡需求的满足程度。

（2）产品的质量跟产品生命周期也有关系，比如客户使用发动机是8年，那发动机的寿命做到12年可能就是一种浪费。

（3）部件之间的平衡，质量水平往往由最短板决定。假设机械部分没有问题，电子却是短板，就看电子部分的问题怎么解决，而机械部分是否可以适当降一下，使它们保持一种平衡。这也是一种简单的解题思路。

最后所有的解题，不管是范围与进度、进度与质量还是质量与成本的矛盾，解题的原则都是用创造性的方法解决问题，"第三选择"本质上是创造性正向思维。

创造性怎么来的？

第一要有视野，这样才能够知道外面的世界是什么样的，跨界是什么样的，才能产生创造性，进而找到解题思路。

第二要有核心人才，没有人才一切都无法落地，一切关键问题都难以突破。

第三要有集体智慧，IPD 是集成作战，研发、制造、服务、销售等很多角色协同在一起，从多个维度去想办法，创造性地解决问题。

当然，企业要以商业成功为目的，但企业家也要勇于自我挑战，要宽容失败、积累智力资产，只有这样的资产积累越厚实，才能更具创造力。

第六章
旗舰战法背后的底层逻辑

旗舰产品的背后是重量级团队和组织

旗舰产品通常是企业的核心产品，它们往往出现在市场竞争激烈、技术创新快速发展的领域中。所以，打造旗舰产品需要应对复杂的技术问题、市场需求和竞争压力等挑战。

除了上述问题，当企业下定决心开发旗舰产品时，内部也会面临非常多的困难，这些困难主要表现为旗舰产品必须依赖于跨越多个团队和部门的高效率协作。

管理大师罗伯特·凯利说，"企业的成功靠团队，而不是靠个人"。德鲁克也说过，"组织的任务就是让平凡的人做出不平凡的事"。旗舰产品的成功不仅依靠产品本身的质量、竞争力，更与背后的组织团队息息相关，需要一个重量级组织和团队来协调、管理各个团队之间的工作，确保各个方面的协同和顺利推进，整合资源，推行旗舰产品的落地执行。

但在实际运行中，可能经常会出现下面的典型问题：

•企业老板的烦恼：权力授权不下去，一放就乱，一抓就死。放权下去，下面往往会偏离公司既定战略，商业效果也不达预期。老板一抓具体工作，就会抓死，结果就是下面的人缺少主动思考和责任担当，组织活力丧失，执行缺乏主动性，关键动作的推动费时、费力，进展缓慢。

•高管的烦恼：永远感觉权力不够大，资源不够用，方向瞄不准，跟不上企业的战略指引，时时刻刻都想着如何说服老板，最后精疲力竭，只能挑轻松的活、最简单的活干。

上边两种情况多数会有一种结论，即员工过于聪明或员工太笨。认为员工太笨的，会认为用脚趾头都能想明白的事情，为什么有些员工就是不明白？认为员工太聪明的，就觉得老板说什么，聪明的员工总能找出一堆理由推三阻四，事情就是落实不下去。

那有没有一种方法能改变这种情况呢？让老板既能把权力授权下去，又能在关键的战略方向上不出错，使得战略有效执行；高管既能承担责任，又有一定的权力，推进项目游刃有余；而员工能够在跨部门的任务中获得各个部门员工的支持。

解题的关键就是推动部门的协调合作和流程型组织的运作，建立有效的沟通渠道，促进信息共享和协同工作，才能使得整个组织更加高效地运转。

旗舰产品必须依赖于一个跨部门的重量级团队，并且让这个重量级团队真正跑起来，能形成一套自我动力机制，成为自驱型组织。

这其中涉及两个问题，一是如何让重量级团队真正运转起来，二是重量级团队要采用什么样的架构才能高效运转。

让重量级团队真正运转起来

什么能让重量级团队真正运转起来呢？

有三个关键动作特征：高质量决策、闭环管理和牵引资源的组织部门能力建设，这三个特征里高质量决策是核心。

高质量决策

团队打赢重要战役的第一个关键，是从战略制定到产品开发的流程中（DSTE to IPD），围绕企业的核心业务作高质量决策。重量级团队的首要能力也是高质量决策的能力。

常规而言，决策以科学为基础，但高质量的决策是科学和艺术的结合。因为，决策往往涉及诸多复杂的问题和多样的意见，有时候不一定能完全搞清楚所有的细节。决策不仅仅是科学的，也有一定的艺术性。即便精密的计算机有时候也不能得出科学结论，决策最终还是由人和团队做出，而人所掌握的信息总是有限，能调动的可用有效决策信息更是有限。科学和艺术的结合，就是需要承担一定的风险，但对风险又有充分的认知。

高质量的决策并不代表一定要决策快。旗舰产品的投资决策有一种典型的策略——"慢就是快"，这跟林彪打仗的"四快一慢"有异曲同工之妙。

林彪打仗的"四快"是向敌人进攻要快、扩大战果要快、准备工作要快、追击要快，"一慢"就是发起总攻决策要慢。典型的例子就是，辽沈战役中攻打锦州，为了做好充分准备，林彪安排的塔山阻击战，足足阻挡了国军6天6夜的激烈进攻，最终林彪在发起总攻之后 31 个小时就打下锦州。这是典型的"四快一慢"
战法，如图 6–1 所示。

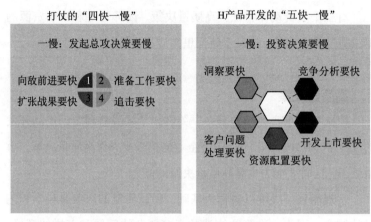

图 6–1　旗舰产品投资决策：慢就是快

　　旗舰产品的投资决策也有"五快一慢"的决策方法（图 6–1）。
"一慢"就是投资决策要慢，但前提是，洞察要快，竞争分析要快，
开发上市要快，资源配置要快，客户问题处理要快。

　　"慢就是快"的理念并不是拖延或迟疑，其本质是强调在决策
之前做好充分的准备工作，以确保决策的准确性和成功率。在此
过程中，各部门和员工都要保持紧张的节奏和行动力，尽早解决
问题，做好技术准备、物料准备和产能准备。这样，在决策做出后，
能够快速展开行动，并在市场中迅速扩大胜利战果。

　　重量级团队要想具备高质量的决策能力，团队的工作模式需
要做出两个根本转变：即个体决策转变为团队决策，从职能部门
的责任转变到跨职能部门的责任。

个体决策转变为团队决策

首先，从个体决策转变为团队决策。过去，企业家、老板和管理者更多是以个人的喜好进行决策和运营，就像一个人打伞全员躲雨。但随着企业规模越来越大，涉及的角色越来越多，老板就会感觉力不从心。企业规模越大，决策的风险越大，如图6-2所示。

图6-2　从个体决策到团队决策示意图

而团队决策并不是老板说了不算，而是有一种机制，决策前各个角色充分发表意见，信息得到充分分享，利弊也充分讨论，这时候再做决策就会少犯很多错误，如图6-3所示。

如果把决策方式分为不同等级，初级是老板或者商业领袖带着团队跑，中级是老板提出的战略意图，团队能够有效落地执行。高级的是团队决策。从个体到团队决策是一种群体智慧的高阶表现，尤其在有效协同之下，团队的力量会远远超出预期。这一阶段的成功与团队成员的主动性和专业性息息相关。一种具体的方

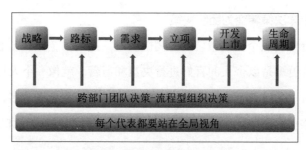

图 6-3　跨部门团队决策流程图

法论是，在决策会议中，决策者首先提出问题，每个代表都充分发言，主任最后进行总结，并根据团队表达的意愿做出最终决策。这种方法有助于促进团队成员发表观点，并给予他们决策的权力和充分的参与共识度。通过这种方式，团队的力量将会得到充分发挥。

理想汽车的创始人李想有一次发微博，说自己差一点成为公司的"罪人"。原来在一次年初的目标会议上，作为管理者的他将团队的目标强行从 36 万台销量降低为 31 万台，因为他觉得 31 万台已经达到自己的预期了，也是团队能力的上限。但在会议上，下属团队与其展开了激烈的讨论，坚决要求把目标定为 36 万台，下属团队的理由充分，数据显示单日的预订量超过了 1000 台，且仍有上升趋势，36 万台是一个合理的目标。结果是，在团队成员强烈地表达了意愿的情况下与领导进行了 PK（对决），最终取得了胜利。而这就是一个从个体决策到团体决策的典型场景，李想也专门为此发微博进行了自我反思。

从个体决策到团队决策，其中一个很关键的领导者举措就是授权。但授权并不是说老板做甩手掌柜，彻底"放飞"自我。在

IPD 的工作模式下，老板授权的前提是要在关键决策点上进行集体的评审。

比如，华为在路标规划和立项阶段，老板需要参与评审决策，如图 6-4 所示。这涉及 CDCP（概念决策评审点）和 PDCP（计划决策评审点）的角色。计划决策性的评审意味着在决策后将要投入 70% 以上的资金，这个关键点上，老板或商业领袖要主导决策。类似的，在上市阶段和生命周期管理中，老板也需要参与评审。

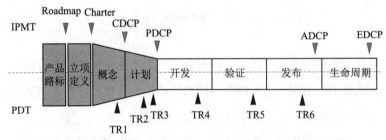

图 6-4　IPMT 的 DCP 就是授权的基础上在关键节点进行审视

错失关键决策的评审也就意味着失去对项目的彻底掌控权，所以授权的背后有一套科学方法，其本质是分层策略。以图 6-5 所示为例，产品开发阶段的决策点（DCP），有 Charter、CDCP、PDCP、ADCP、LDCP 等。

从职能部门的责任到跨职能部门的责任

在传统的项目型组织中，项目经理拥有较大的权力，人员都归其管理，并且往往存在以人定岗的习惯。这种组织方式的最大问题是项目经理的能力很难提升，因为所有职能都集中在一起，

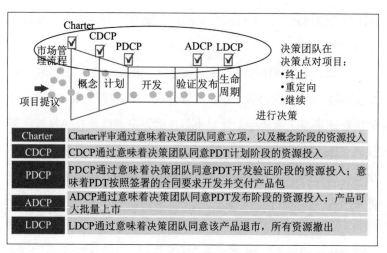

图 6-5　示例：产品开发阶段的商业决策点（DCP）

项目经理的专业能力不足。随着公司的发展，单纯依赖项目型组织已经不再适用。为了协同不同功能职能的合作，以及平衡能力沉淀与组织活力，就需要引入流程型组织。

职能型组织具有知识积累、建立平台等优点，而项目型组织具备清晰的责任范围和响应迅速的特点，对比如图 6-6 所示。流程型组织将这两种组织方式结合起来，并解决了项目型组织中的扯皮问题，流程型组织集成了项目型和职能型组织的优点。然而，流程型组织在管理上也面临着复杂性的挑战，传统的儒家文化很难运作起来，这也是众多企业学习华为 IPD 进行变革都不太成功的原因之一。管理复杂性的背后需要有跨部门管理的文化生态支撑。

在流程型组织中，重量级团队起到了核心作用。项目经理是专职化，对项目目标负责。团队成员得到了充分的授权，能够代表各

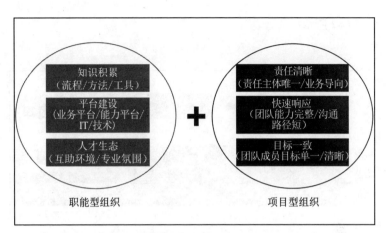

图 6-6　职能型组织与项目型组织的优点对比

个领域，并为整个项目提供支持和承诺。项目经理对这些代表具有较大的考核权。此外，项目经理还拥有管理项目预算的权力，在预算范围内可以做出决策，无须再征求他人的决策。

这种流程型组织中的重量级团队的负责人是商业领袖，他们以实现端到端的商业成功为目标，具备分配预算和奖金的权力，确保团队的目标一致。

在早期阶段，一家企业可能只需要几个人或几个部门完成工作，但随着规模的扩大，解决问题变得更加复杂。

比如，一个简单的质量问题或服务问题的解决，不仅涉及服务部门的责任，还涉及研发、品牌公关、销售等多个部门的协作。职能单一的部门难以解决跨职能部门的问题。特别是在互联网时代，信息传播速度极快，稍有不慎应对不当就可能对公司品牌和商誉造成无法挽回的损失。单一的职能部门无法独立承担这种责任，公司需要转向跨职能部门的责任分工，实现团队间的协作，如图 6-7 所示。

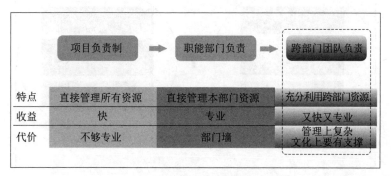

图 6-7　流程从职能部门责任到跨职能部门责任

对于团队决策和跨职能协作的实现，人们需要思考如何充分发挥不同观点的碰撞作用。这意味着团队成员要勇于提出不同的意见和想法，并进行全面讨论和思考，以达成更好的决策。通过善用对立观点，可以避免盲目性和片面性，提高团队的决策质量。

流程型组织支撑重量级团队实现端到端协同

在流程型组织出现之前，有两种主流的组织模式：职能型组织和项目型组织。

职能型组织以各自的职能责任为驱动方式，主管直接管理专注于某个领域的人员，各级管理机构和人员实行高度的专业化分工，只有最高层领导才能纵观全局。这样的组织模式很容易导致跨部门沟通难以完成，工作不能以项目为导向，以人为核心竞争力，组织在发展中逐渐趋于僵化。

尤其是在产品开发的工作中，职能型组织从产品开发到上市往往周期比较长，产品开发的各个环节之间缺乏信息沟通，不可避免会造成需求信息的扭曲和迟滞。产品开发好了，生产制造却还没准备好，工艺也还在等，各方互相推诿，这就是典型的"串行"问题。另外，市场、开发、测试、制造、销售等产品部门之间的部门墙偏厚，由于职责频繁转移和信息层层衰减，很容易滋生"本位主义"。

现在很多企业已经认识到职能型组织在一些情况下对项目工作的阻力，最常见的应对方法就是通过引入 IPD 流程体系进行变革，打破组织僵局。华为的变革也是从 IPD 的变革开始，然后逐步深入。

除了职能型组织外，另一种常见的组织形式是项目型组织。项目型组织以项目为驱动。其中，项目经理有权对项目资源进行调动和把控，权限最大，有很强的独立性，直接管理项目人员并对项目结果负责。项目型组织并不像职能型组织一样一直常设，而是跟随项目的周期存在，项目成员的工作会在项目结束之后也随之结束。

职能型组织和项目型组织各有优缺点。而旗舰产品的开发需要重量级团队作为支撑。重量级团队的特点非常清晰，既是一个跨部门的团队，又是一个流程型组织。

流程型组织，顾名思义是沿着价值创造流而设置的组织，又称矩阵式组织，融合了职能型组织和项目型组织的特点，兼顾职能型组织长期竞争力和项目组织短期业绩的均衡。流程型组织以流程为驱动,各部门的员工收到派遣任务,组成临时项目小组,项目结束就回到原岗位,员工受部门领导和项目经理同时管理。团队中的人员对项目成果负责,端到端的工作流程,能够充分利用跨部门资源进行沟通协作,打破坚实固化的部门墙,使得产品开发更高效更有成果。

这样的团队在运作中,有以下几个特点:

(1)项目经理专职化,对项目目标负责;

(2)在运作中,项目成员被充分授权,可以代表各功能领域参与项目决策和做出承诺,决策特点快速高效;

(3)项目经理对成员有较大的考核权,能够充分调动团队成员的积极性;

(4)项目经理管理项目预算,有预算范围内的决策权,可以对资源的配置进行充分把握。

优秀的流程型组织,一定要能够给这个团队带来非常大的变化:

(1)团队目标高度一致,整体聚焦关注产品,并为产品的最终商业成功负责;

(2)并行协同,能够缩短开发总周期各环节互动更充分,协作效率高,容易构建组织能力;

(3)一个团队,打破部门界限组建混合团队,端到端负责,信息始终共享共识;

(4)决策均衡,代表多方利益制衡,多领域知识经验集成。

而重量级团队的领导者,目标是成为商业领袖,瞄准业务的商业成功,实现端到端协同,使得团队"力出一孔,利出一孔"。

尽管流程型组织被称为矩阵式管理，但其中有个特别的同心圆模式被称为 core team，即核心组。以 IPMT 为例，核心组的领袖称为 IPMT 主任，成员有产品、研发、质量运营、制造、销售、服务、HR 等委员（图 6-8）。大家都围绕这个核心去工作，同心圆模式最关键的内容是，当权力被授予最核心的人之后，所有资源调配的权力也都属于这个人，在预算范围之内，这个人可以任意调取所需。

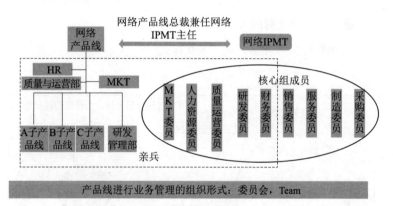

图 6-8　核心组成员示例

此外，之所以是同心圆结构，就在于团队成员都是业务平等的关系，而不是行政关系，因此不遵循上下级、职级高低从属的行政关系。并且，为了一个共同目标，各方面的代表要带着资源围拢过来，团队群策群力把合适的产品尽快地交付给客户，而不是项目经理一个人到处去寻找资源。

IPMT 是 IPD 体系中的产品投资决策和评审机构，负责制定公司总的使命愿景和战略方向，对各产品线运作进行指导和监控，并推动各产品线、研发、市场、销售、事业部、服务和供应链等部门全流程的协作，制订均衡的公司业务计划，并对新产品线的产生进行决策。它是一个高层跨部门团队，成员包括各个部门最高主管。

在核心组的同心圆模型之外，还存在着重量级团队的另一个组织——外围组。外围组的组织模型有两种形式，一种是与核心组相同的同心圆套娃模型，如图 6-9 所示。外围组和核心组一样，都由跨部门成员组成，成员由各个部门派遣而来，因此组长对组员实际上并没有绝对的考核权。

外围组的另一种形式是，亲兵模式。

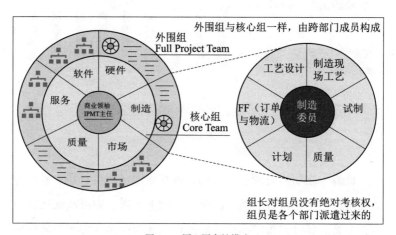

图 6-9　同心圆套娃模式

如图 6-10 所示，这是一个实体组织支撑领域代表。例如一个硬件开发经理下管理 CAD/SI 开发组长、逻辑开发组长、硬件开发组长、底软开发组长，而这些组长又各自管理下属细分领域的工程师等。此时，整个外围组的组长对下面的员工有绝对考核权，实行行政管理的方法。

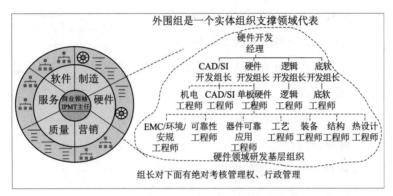

图 6-10 亲兵模式

那到底是套娃模式好还是亲兵模式好呢？

事实上，产品线组织更多时候应该由同心圆的核心组和亲兵模式的外围组两者有机结合才能更高效。

以华为的网络线组织为例。网络产品线总裁同时兼任网络线IPMT 主任。产品线下设 HR、质量与运营部、市场营销部门，以及下属的子产品线和研发管理部。核心组以委员会的形式，设立市场营销、人力资源、质量运营、研发、财务、销售、服务、质量、采购委员。前五个委员则又和网络产品线共同形成网络产品线行政管理下的亲兵。每个公司由于产品线的不同会根据企业的具体发展情况进行独有的业务设计，但是无论如何，以一个重量级团队来运作产品线必须有一个行政组织来支撑。

重量级团队的组织分权与流程授权

流程型组织中，重量级团队和外围组有各自较为固定的组织架构。其中，重量级团队包括：

• IPMT：产品线组合投资管理团队

• TMT：产品线级的技术管理团队

• PDT：产品开发团队，是重量级团队的常设组织，对产品系列商业成功负责

• TDT：平台或是技术开发部门

外围组包括：

• PMT：产品定义或者产品上市

• CDT：立项开发团队

• RMT/RAT：需求决策团队 / 需求分析团队

如果将整个跨部门流程型组织比作一个军团，这些团队在军团中的分工和定位是不同的，如图 6–11 所示。

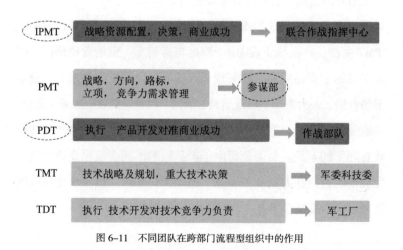

图 6–11　不同团队在跨部门流程型组织中的作用

IPMT 主导整体战略资源配置和决策，负责产品线的商业成功，相当于司令部。

PMT 对具体的战略、方向、路标、立项以及竞争力需求进行管理，相当于作战指挥的参谋部，公司的端到端竞争全导入 PMT。并且 PMT 主任往往是 IPMT 的副主任，有了做战略、方向、路标、立项上决策的经验，在 IPMT 主任缺席时，他就可以引领 IPMT 团队对战略决策做出讨论和给予决策建议。

俗话说，三分决策七分执行。决策做得再完美，也需要执行到位。但更多时候的决策并不是完美的，只是确定了大致的方向，就需要执行来瞄准最后一个点来发力，关键在于执行团队如何在此时发挥出最大价值，这就需要看 PDT。

PDT 是师团，主要执行产品开发对准商业成功，配合系统的力量起到决定性的作用。

TMT 进行技术战略和规划，以做出重大的技术决策，是团队的科技司。当公司以技术发家时，IPMT 和 TMT 可以合并，无须下放授权团队。当公司规模越来越大、专业人士越来越多时，可以单独成立 TMT 去做决策。

TDT 则是兵工厂，做好技术准备将技术武器交付给 PDT 去做产品，对技术竞争力负责。需要注意的是，技术准备和品开发行应该是并行的。

重量级团队的两个核心是 IPMT 和 PDT。因为产品的商业成功牵引技术开发，牵引整体战略执行。之所以将产品开发分权到各个团队，是因为每个人的能力都是有限的，需要接受来自团队的力量。决策需要多方求证，商业的成功最终还是大家共同的智慧。

同时，专业的人做专业的事情很重要，需要在组织方面"制造矛盾"，将团队的价值和思想发挥到极致。

重量级团队不仅利用群体智慧主导产品开发的决策，对商业成果负责。承担责任的同时就需要授予相应的权力。那么，作为老板向下授予权力的限度如何衡量？"一放就乱，一抓就死"的困局如何破解？答案是利用组织的横向分权，通过流程纵向授权。

组织架构的发展是随着公司发展不断演进的。也就是说，企业在早期阶段，分权和授权的问题并不在考虑范围内。如果一个新产品尚在孵化阶段，这个时候需要"一把手"全权负责，避免机会流失。随着产品规模越做越大，就需要分权。

这就涉及横向分权和纵向授权。

横向分权和纵向授权是相互制约和统一的，纵向授予的权力可以根据组织的需求随时被收回。横向分享纵向授权是一套指挥系统，一方面合理管控进行牵制，另一方面保证纵向的效率执行。所以，横向分权和纵向授权本质上，不是为了分配权力而分配权力，或是为了集中权力而集中权力，它是用来帮助企业做好业务的。

从 1 到 N，让产品线成为业务增长的发动机

重量级团队设立之后，公司原有的以总体利润或是销售利润为中心的单利润中心，将转变成以产品线和区域线构成的双利润中心。

双利润中心的设立和运转将带动原有部门体系中的研发部转变为产品线。如果说，在产品线设立之前，各个围绕产品研发、生产、供应、营销的部门的工作是在听从老板"要我干，我才干"的命令之下展开，那么重量级团队运作后的产品线则自带一种"我要干"的决心和干劲。

同样是重量级团队中的 PDT 经理，岗位和职级之间的差距是巨大的。利润中心发生转变之后，个人能够得到多少，与产品销售利润挂钩。基于这种机制，PDT 经理就会主动拼命做大自己负责的产品。而对于老板来说，他的职责就从之前全部一手抓，转变为到定主要方向，抓主要决策，向重量级团队授予一定的权力。

以华为 Mate7 的运作为例。

2014 年 9 月 12 日，华为正式发布 Mate7 手机。在发布之前，华为的销售团队普遍认为卖不到 30 万台。当时上海的销售代表说，9 月上市，当年只能卖 1 万台。在销售团队看来，Mate7 之前的 Mate1、Mate2、P1 等所谓的高端机都没有卖到 30 万台，Mate7 自然也不太可能。尽管如此，该产品线的 PDT 经理还是在慎重考虑、再三权衡之后决定备货 120 万台，结果卖到了 180 万台，远远超出预估的数字。这就是产品线利润中心的价值体现。

在单利润中心时期，销售人员在自己负责的区域往往不会特别在意产品的销售种类，有什么就卖什么。当产品和市场经营双利润中心出现时，从产品线和市场维度出发按照目标区域划分，有着各自更为看重的瞄准的方向。

市场方面，市场人员聚焦于调研判断，到底有没有好的产品业务，有没有符合销售渠道的产品，先了解客户的需求，再反馈给研发产品线。而从产品线角度出发，研发会聚焦于看市场、渠道和客户，如何用有限的资源投入到产出最好的产品中去。因此，产品线利润中心更注重产品维度、中长期经营、投资汇报和产品竞争。

市场/区域利润中心更注重渠道、品牌、门店和市场竞争。显然，它们都依赖于市场、渠道、客户联系，双利润中心就如同拧麻花一样协同起来。只有坚持市场和技术双轮驱动，才能更好洞察市场、洞悉客户需求和推动渠道落地。

那么如何"拧麻花""挤水分"，才能推动两个轮子快速高效转起来？

产品是对销售提要求的，反过来，销售同样对产品提要求，两者之间形成双经营责任中心，相互之间互锁。

技术和市场的双向驱动主要是为客户带来价值。IPMT团队的产品目标进行区域划分，不同的区域会有相应的渠道商和运营商定制不同产品版本和制式，做到产品适应渠道。同样有什么样的产品也需要相应的渠道去适配。比如华为最早做高端机P系列，因为没有主流渠道，导致销量不佳。所以产品和渠道互相适配，产品线和区域线对市场的判断、对客户的判断、对竞争突破路径等要进行充分讨论。在这个过程中，双轮拧紧了目标、拧紧了方法、拧紧了任务解码，竞争突破路径，对市场、对客户进行判断，相互挑战，最终达成了共识，如图6-12所示。

共识虽已达成，却不等同于完全一致。有时候对于未来的判断也允许出现差异，只是差异要控制在一定范围之内。

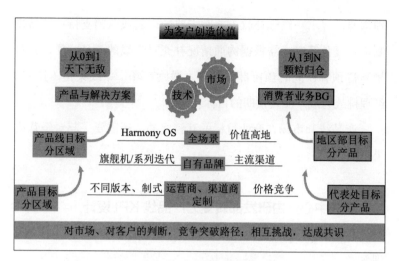

图 6-12　产品线与销售互锁

产品线和市场商业目标互锁是最难的，要想做到，用三个词概括就是：自下而上、自上而下、落实差距。

自下而上，即各区域渠道经理收集区域产品销售目标，逐级上报到产品线渠道代表（销售代表）汇总。

自上而下，产品线与产品线渠道代表完成销售目标制定（需考虑公司目标承接，同比增长，市场机会，而且产品机会、市场机会必须与一线沟通），是从产品线往下看，从市场洞察新的品类、新的产品。这就需要比渠道更了解市场，比客户更了解整体市场的行情。

自下而上的汇总与自上而下的洞察之间总会存在差距，有实际的差距就需要针对差异点去一一沟通，形成一个互锁的行动，弥补差距的行为就叫作落实差距。

落实差距，即产品线主动与存在较大差距的渠道（销售）经理沟通，寻求一线弥补收入差距需要的产品或营销支持；产品线制定年度预算时，需根据沟通情况补充对一线的产品、项目、营销支持预算；同时预留部分预算、激励市场，一线渠道（销售）经理挑战完成产品线预期的目标。

产品线和市场在商业目标的互锁之外，还需要一起对经营成果担责。

利润中心：由研发部转变为产品线 KPI 设计

产品线的责任主要可以划分为两个方面：从 0 到 1 和从 1 到 N。

从 0 到 1，指新产品的创新和开发阶段。在这个阶段，产品线需要寻找市场机会、进行市场调研，确定产品的核心功能和特点，进行产品设计和测试，以及建立初步的供应链和销售渠道。关键指标可以包括市场调研结果、产品设计进度、供应链建设进展等。

从 1 到 N，指已有产品的经营和管理阶段。在这个阶段，产品线需要推广和销售现有产品，开拓新的市场和客户群体，维护和管理客户关系，持续改进产品，并进行市场竞争和盈利能力的提升。关键指标可以包括销售额、市场份额、客户满意度、产品改进率等。

实现这两个责任，需要对产品线进行具体的 KPI 设置，常用的工具是平衡积分卡，主要包括外部、内部、财务、学习与成长四个方面。企业中几个维度的 KPI 容易被忽略，比如客户、服务、成本、战略与竞争等层面，如图 6-13 所示。

聚焦客户、基于商业、兼顾高效交付与能力建设的产品经营组织KPI示例

分类	年度KPI指标	权重*	牵引点
财务层面	销售收入	10%~15%	打粮食 (50%)
	制造毛利率	10%~15%	
	贡献利润	10%~15%	
客户层面	新产品收入占比	10%~15%	
	客户满意度/NPS	10%~15%	增加土地肥力 (30%)
	战略目标/山头目标突破	10%~20%	
内部运营	重大质量事故	扣分项	
	存货周转率 (ITO)	0%~10%	有力量 (10%)
	研发效率改进	0%~10%	
	成本目标达成率	0%~10%	
学习与成长	组织干部人才 (骨干员工流失率)	5%	有朋肉 (10%)
	IPD变革进展TPM	0%~10%	

*注: 权重需及考核项需根据产品情况及公司战略调整

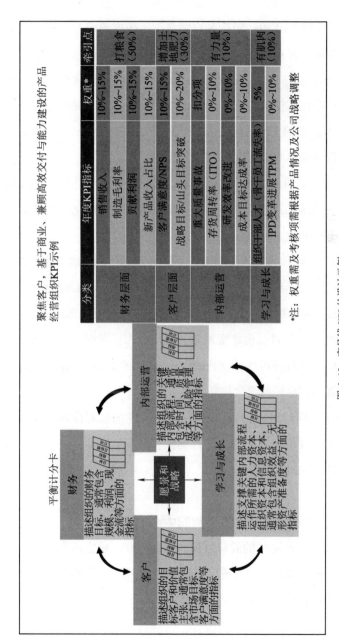

图6-13 产品线KPI的设计示例

客户层面的 KPI：包括客户满意度、净推荐值等，用于衡量产品线在满足客户需求和推动客户增长方面的表现。

服务层面的 KPI：包括解决质量问题、推动质量改进等，用于衡量产品线在提供优质服务和解决客户问题方面的能力。

成本层面的 KPI：包括成本控制、效率提升等，用于衡量产品线在管理成本和提高生产效率方面的成果。

战略与竞争的 KPI：包括市场份额、目标市场的拓展、战略目标的突破等，用于衡量产品线在适应商业环境变化和实现战略目标方面的成效。

在设计 KPI 时，需要根据产品线的特点和阶段来确定具体的指标，并设定目标和权重。这些指标可以分解到不同的部门和个人，以确保每个部门和个人都能为产品线的整体目标作出贡献。

此外，财务目标也非常重要，包括收入、利润、现金流等方面的指标，需要进行具体化和分解，并与产品线的其他 KPI 相结合，以综合评估产品线的绩效和发展。

对于不同的组织层级和职能部门，KPI 的重要性和权重也会有所不同，要根据实际情况进行调整和平衡，以确保整个组织的目标一致性和协同效应。

用生命周期法牵引各个利润中心的考核

可以根据产品线的战略目标和业务特点，设定适当的 KPI 来评估产品线的绩效和发展情况。如图 6-14 所示，即华为常用的维度指标，这种管理方法也叫生命周期管理法。

	孵化期	投入期	快速成长期	稳定成长期	成熟期	衰退期
生命周期定义	投入期	第一款产品 GA<3年	未来3年 CAGR>*%	未来3年 CAGR>*%	未来3年 CAGR<*%	未来3年 CAGR<0
投资回报要求	孵化新产业、关键技术	构建竞争力和格局	·收入增长率>*% ·市场份额持续提升	·实现当期盈利 ·利润增长快于规模增长	·实现累计盈利 ·投资效率提升	·重点看盈利 ·ROI强度牵引 ·销售毛利率持续提升
资源配置策略	按额管理、不以当期财务结果为约束		研发投入率可以增加	研发投入率按率管理，基本保持稳定	研发投入按率管理，未来3年稳中有降，进入衰退期前的2~3年要开始释放资源	快速释放资源，按额管理，下降幅度要大于收入下降的幅度

图6-14 用产品生命周期法牵引各个产业利润中心

生命周期管理法类似一个人的成长过程。在投入期和孵化期，作为新产品和新事物，华为鼓励创新，并注重新技术的孵化、未来的潜力，不会过分强调财务结果。在投入期，华为注重构筑市场竞争力。同样，华为主要关注的阶段是快速成长期、稳定成长期和成熟期，并为不同阶段配置资源。

在快速成长期，高速增长，追求份额的快速提升是核心的考量指标。而在稳定成长期，利润的增长和规模的扩大非常关键，这有利于研发投入保持稳定。在成熟期，减少研发投入，并要求提升经营效率，释放资源和人力。

产品生命周期的每个阶段都有不同的特点，比如不能像要求成年人一样要求婴幼儿，也不能用考核成熟产业的方法去考核新产业。同样，不能将即将退市的产品考核的指标与产品成长期的指标等同。

很多企业容易一刀切，比如用考核成熟产品线的方法，要求新成立的产品线完成利润指标，或者按照收入和利润进行"获取分享制"，这种懒政的方法导致的结果就是，没人愿意为新产品和新机会去努力。因为考核收入利润，新产品和新机会往往不能一蹴而就，从而导致团队中个人收入大幅降低。这是种"让雷锋吃亏"的事情，企业一定要坚决杜绝。遗憾的是，这些却在各行业的中小企业中重复发生。

总之，从 1 到 N 的产业经营是每个产品线的目标，用好的方法激发各种阶段的产品线努力奋进，实现梯队的成长，目的就是让每个产品线成为真正意义上的业务增长发动机，形成一种良性的循环。

打破部门墙，构建 PDT 高效的运作环境

上文提到重量级团队有多种类型的模式，但无论是哪种模式都依赖一个高效的运作环境。运作环境就是生态，就是土壤、空气、水分，一个组织时时刻刻受到所处生态环境无声无息的影响，并对组织所有成员的行为、习惯、价值观形成导向性影响。

旗舰战法是一种非常强大的落地方法，这个方法要想快速在一个企业或团队中发挥作用，必须有强大的文化，构建起产品开发团队，即重量级团队的高效运作环境才能跑起来。

同样，对于几乎所有中国企业来说，单独依赖一套流程，想要把一套高效且负责的战法沉淀在组织内，也不容易。多数人还是需要看到实际的收益才愿意相信，这就需要有运作环境的保障，通过一场仗将战法沉淀下来。

传统的企业部门组织，最大的缺陷就是部门墙沉重。而部门墙会导致信息孤岛和重复劳动，阻碍信息的流动和资源的优化利用，导致工作效率低下。同时，因为不同领域和专业背景成员必须协调一致，这依赖于部门间的跨领域合作和知识共享，是创造性思维和创新方法的基础。同样，优化资源的配置和利用是效率提升的关键，打破部门墙，组织可以更加迅速、灵活地调配资源和人才，适应市场变化和业务需求的变化。

无论公司的规模大小，部门墙普遍存在。打破部门墙是构建一个产品开发团队高效运作的基础。如何打破部门墙？需要注意以下四点：

（1）责权利是基础；

（2）以客户为中心，为客户创造价值的文化是流程型组织高效协同的基石；

（3）以奋斗者为本，不让雷锋吃亏是团队不断成长的关键；

（4）坚持批评与自我批评，持续不断改进是组织成功的秘诀。

以上四点也是华为价值观的核心内容。企业的价值观是一种全员价值判断体系，在企业员工中有相对一致的认同感，是企业文化的核心部分。而上述四点内容不仅影响企业的生存成长，对于一个重量级团队的高效运行和员工在工作中的行为来说也有着决定性作用，企业在发展中必须以此作为基本方向和行动指导。

"责权利"闭环驱动商业成功

在华为，"责权利"是一种最常见的管理机制和方法，其本质是华为的流程文化的体现，主要用于公司内部的资源分配和决策制定。

"责"就是应当担负的责任，是职务上所对应的应承担的义务，是分内应做的事情。"权"就是权力，是个人职责范围内的支配力量，是组织或团队运行中所赋予特定人员的支配力量。"利"就是利益，也就是得到的好处，利益有物质的也有精神的。

责权利的关系是对立和统一的辩证关系。正确合理的权责关系应该是责任在前、权力在后，权力是责任的副产品。履责一定是干部或者管理者存在的基础和前提，而权力是责任的润滑剂，是全面和高效履责的佐证和体现，如图6-15所示。

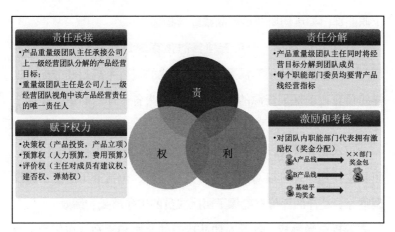

图 6-15　责权利的闭环

要想重量级团队高效运行，利益诉求必不可少，组织或团队成员追求并坚持努力奋斗，利益就有极大概率随之而来。但如果以纯粹的利益为核心追求目标，奋斗的效果就会大打折扣，甚至有可能误入歧途，最后的追求也会竹篮子打水一场空。

在华为，责权利涉及几个方面的权责，其中包括：团队成员的选拔与任命权，预算权，评价权，激励权，等等。

首先是选拔与任命权，即确定具体岗位的责任和权力的分配。在华为，重要团队比如 IPMT、PDT 等的团队主任都是由相应核心部门的负责人担任，岗位具体的职责由职能部门和资源部门来定。华为强调岗位的权重，通过具体的岗位认定来引导团队成员的职责和权力。而责权利中的责任不仅包括责任的承接，还包括责任的分解，一般来说产品重量级团队主任承接公司或上一级经营团队分解的产品经营目标，并且是该产品经营责任的唯一责任人。同时，产品重量级团队主任要将经营目标分解到团队成员，且每个职能部门委员均要背负产品线经营指标。

其次是预算权，即负责项目的预算规划和分配。对于资源部门来说，他们的预算需要根据产品线的需要来规划和分配。这样的预算权确保了资源的合理配置，也为各个部门的运作提供了支持。

再次是评价权，涉及对团队成员绩效的考评和评价。在华为，团队主任和经理可以对团队成员进行评价，包括给予奖惩、建议调整等。这样的评价权确保了团队成员的工作质量和绩效。

最后是激励权，涉及对团队成员的奖励和激励。在华为，业务线能够通过业务目标的达成来获得相应的奖金，并根据绩效给予团队成员个别的奖励。这样的奖励机制激励了团队成员的积极性和创造力。

责权利的实施需要遵循一定的流程，包括业务规划、预算制定、资源分配和绩效评价等。这些流程确保了资源的合理配置和团队成员的绩效管理。在华为的管理方法中，责权利被视为推动业务发展和团队成长的重要机制之一。

以客户为中心的文化是流程型组织高效协同的基石

为客户服务是华为存在的唯一理由。

华为内部有一种普遍的认识，即华为所拥有的一切都是客户给予的，如果没有客户，华为就没有办法生存。任正非也多次对外界强调，华为的成功没有什么秘密，就是坚持做到了"以客户为中心"。

重量级团队中不仅涉及核心组还包括外围组，责权利的流程机制很大程度上对核心组有制约作用，但对于外围组来说难以保证其协同性。这就需要以客户为中心的文化来实现流程型组织的高效协同。

资源是会枯竭的，唯有文化生生不息！构建起以客户为中心的文化，是一家企业从诞生之日就需要持续践行的动作，而且永无止境。在华为发展的历史上，每一个大客户的突破都是华为对以客户为中心的践行过程。

华为从 1999 年开始进入俄罗斯市场，一直到 2005 年，六年时间颗粒无收，最后在 2005 年突破性地卖出了一根价值 38 美元的光纤，实现了零的突破。这 6 年中，华为在俄罗斯市场更换了 4 任分部总裁，一次一次地坚守，最后才有了从 0 到 1 的突破，到后来用了不到三年时间就做到了几亿美元的市场收入。对于大多数的企业来说，如果一两年都不能与客户达成合作，对客户的服务很容易就终止了。华为类似坚守在某一个市场数年时间，持续为客户提供服务的例子非常多。俄罗斯市场就是典型案例。

以客户为中心，要在各个服务角色上都有深入骨髓的认知，无论是研发、生产、市场、销售还是服务。比如产品研发时，应该站在客户的角度思考问题，想想自己研发的产品到客户手中时会不会有好的体验。有些研发人员习惯性地将自己的想法强加到客户身上，主观地认为自己研发的产品在未来会获得成功，却从未想过客户的感受。其结果是，产品在研发过程中投入了巨额资金，但进入市场后成了无用的废品，最终的结果就是商业成功从源头就出现了问题。

在以客户为中心的实践中，华为内部有一个例子。俄罗斯市场的一位客户向华为的客户经理提出了一个需求，客户经理很快将需求反馈给相关负责人。而这位负责人在与客户经理讨论后直接告诉客户经理该需求是一个伪需求，不予提供技术支持。而当时负责研发的徐直军得知该事后，严肃批评了这位负责人，并要求其奔赴一线客户场景现场验证该需求。该负责人在一线场景下验证该需求确实是伪需求后，这时领导告诉他，现在可去说服客户，用实际的体验让客户认识到该需求是不成立的。

徐直军为何要这样做？其背后必然有深刻的用意。

所以，以客户为中心的文化一定不是挂在墙上的一句口号，而是各级领导动真格。但在实际的运作中，很多时候以客户为中心是挂在口头上，当企业利益与客户利益有矛盾时，往往是以自我利益为中心。华为与其他企业不同的是，华为的客户经理更多时候代表的是客户，而不是代表成本。如果客户提出需求，而支持人员一句话就回绝，显然是无法与客户感同身受，更无法在真实的场景中创造后续的价值。这样的以客户为中心也就成为一句空话。

在华为，还有一种"让一线士兵呼唤炮火"的常见做法。华为的一线的员工，遇到困难时可以直接呼唤高级别的专家支持。而这些专家也会无条件深入客户的一线场景解决问题。华为为一线士兵提供炮火支援，本质上就是把以客户为中心落到实处，将文化沉淀到流程当中，构建出一套以客户为中心的流程。只有将文化的共鸣深入整个管理体系当中，才会有高效的跨部门协同运作，只有老板动真格，以客户为中心的文化才能真正落地，真正发挥效用。

以奋斗者为本，不让"雷锋吃亏"

企业的发展需要人才，但是人才发挥价值，要通过实现自我，与企业共同成长，企业有责任让所有的人才成为真正意义上的奋斗者。

华为艰苦奋斗的精神不是创业初期才有的，也不是只有在困难时期才坚持的，而是华为存在一天，华为人就会艰苦奋斗一天。只有长期坚持艰苦奋斗，才能让华为屹立不倒。在华为，不能坚持长期艰苦奋斗的人，职位再高也会被换下来，以便让更有能力的人承担更多的责任。

华为的绝大多数员工进入公司时都是刚走出校门的大学生，而这些人只要进入华为的大门，不管学历如何优越，很快就会成为一个艰苦奋斗者，因为在华为养尊处优的人没有生存的基础。所以，华为的发展是通过华为人不断努力和牺牲自我得来的，不管在条件多么艰苦的地方，只要客户有需求，就有华为人奋斗的身影。

华为将"以奋斗者为本"作为企业的核心价值观，就说明这是华为人过去、现在和将来都必须坚持的准则。

任正非始终让自己的员工保持艰苦奋斗，以奋斗者为本，他很担心公司员工有惰怠的情况。他说公司员工有惰怠的时候，才是公司最危险的时候。美国对华为进行各种极限施压和制裁时，外界都对华为感到担忧。这时候任正非却说，现在是公司状态最佳的时候，因为公司员工都意识到了危机，大家群情激奋，斗志昂扬，自己主动加班工作，与公司共渡难关。

人，能艰苦奋斗，战斗力强，什么都可以创造出来。人，一且拥有了惰性，缺乏了艰苦奋斗的精神，缺乏战斗力，这才是最危险的时候。

华为的艰苦奋斗有两层含义：

第一，在物质生活品质不断提升的过程中，华为反对奢靡之风，主张珍惜资源，不浪费任何物质资源，经过30多年的创业，很多华为人都已经实现了财富自由，享受着比较优质的物质生活，所以适当的物质生活品质华为并不反对，这是奋斗者应该得到的。

但是，华为反对浪费，反对奢靡，比如说华为每年都会安排员工休假，很多员工经常去世界著名的度假胜地，华为对这些都不反对，只要是正常的消费，不违法不违规，公司并不禁止。

相反，当华为有了一定的经济基础之后，在很多国家的代表处，华为还会提供非常高品质的生活和工作条件，但如果某个华为员工到处炫富，故意显摆，甚至是浪费奢靡，公司一定会提出严肃批评警告，甚至会将其除名。

这个艰苦奋斗强调的是思想上的艰苦奋斗，就是要时刻保持艰苦奋斗的工作作风，华为坚定不移地反对富裕起来以后的道德滑坡，庸俗的贪婪和腐败，不管职务高低。

第二，华为要求员工在工作上具有进取的思想，不能毫无目的地工作，要有一个明确的目标。1996年，任正非就在《反骄破满，在思想上艰苦奋斗》一文中写道："华为已处在一个上升时期，它往往会使我们以为8年的艰苦奋战已经胜利。这是十分可怕的，我们与国内外企业的差距还较大，只有在思想上继续艰苦奋斗，长期保持进取、不甘落后的态势，才可能不会灭亡。"

以奋斗者为本就是不让"雷锋吃亏"，多劳多得。

2011 年 3 月 11 日，日本当地时间 14 时 46 分，日本东北部海域发生里氏 9.0 级地震，造成 2 万多人死亡或失踪，近 50 万人被迫撤离。地震还引发巨大海啸，对日本东北部岩手县、宫城县、福岛县等地造成毁灭性破坏。受地震影响，福岛第一核电站 1 至 4 号机组熔化，放射性物质泄漏到空中，日本经历了世界上最严重的核灾难之一。

全球各国纷纷派出飞机撤离本国公民，事故中有一群逆行者的身影，他们就是华为的团队。任正非第一时间表示："华为是一家在灾难面前不会退缩的公司。相反，我们要向那些受灾地区前进，支持救灾工作。"华为在两周内就恢复了 680 个基站，而这些基站是日本灾区重要的通信生命线。这些逆行者就是华为的团队中的"雷锋"。

华为对员工坚持以贡献、责任、牺牲精神作为评价标准。华为管理层认为，要想让奋斗精神保持下去，就必须让奋斗者得到合理的回报。只有"不让雷锋吃亏"，多劳多得，才能使公司在激励机制下保持健康和可持续发展。而对于组织中，不做贡献的人，华为为坚持实行末位淘汰制，以促进公司的效益增长。而对于那些真正做出贡献的人，华为坚决不会亏待他们。

同时，对于试错的人，华为有一套宽容的机制。华为的奋斗者不用考虑给自己的最终评价是什么，因为他们清楚只要把事情做好，评价一定是好的。即便犯错了，在进行考核时也不会被排在最后，这些人仍然有提升的机会。这就是宽容"我们的英雄"，只有敢于尝试才有突破的机会，而尝试必然有失败。

华为有一套规则，谁让雷锋吃亏，谁就不能做管理者。企业需要奋斗者，也需要奖励奋斗者，这样以奋斗者为本才能真正深入人心。

坚持批判与自我批判

自我批判保持企业活力的一种有效途径。

每一个企业运营时间久了就会慢慢僵化，只有坚持自我审视，批判自身的缺点并加以改进，才能始终保持活力。

2008 年，任正非发表了《从泥坑里爬起来的人就是圣人》一文，重点谈论了自我批判的重要性。摘文如下：

二十多年的奋斗实践，使我们领悟了自我批判对一个公司的发展有多么重要。如果我们没有坚持这条原则，华为绝不会有今天。没有自我批判，我们就不会认真听清客户的需求，就不会密切关注并学习同行的优点，就会陷入以自我为中心，必将被快速多变、竞争激烈的市场环境所淘汰；没有自我批判，我们面对一次次的生存危机，就不能深刻自我反省，自我激励，用生命的微光点燃团队的士气，照亮前进的方向；没有自我批判，就会故步自封，不能虚心吸收外来的先进东西，就不能打破游击队、土八路的局限和习性，把自己提升到全球化大公司的管理境界；没有自我批判，我们就不能保持内敛务实的文化作风，就会因为取得的一些成绩而少年得志、忘乎所以，掉入前进道路上遍布的泥坑陷阱中；没有自我批判，就不能剔除组织、流程中的无效成分，建立起一个优质的管理体系，降低运作成本；没有自我批判，各级干部不讲真话，听不进批评意见，不学习不进步，就无法保证做出正确决策和切实执行。只有长期坚持自我批判的人，才有广阔的胸怀；只有长期坚持自我批判的公司，才有光明的未来。自我批判让我们走到了今天；我们还能向前走多远，取决于我们还能继续坚持自我批判多久。

批判是为了听取不同的声音，是为了找到每个人思维、习惯等的盲点、缺陷。员工对企业或团队管理者提出意见，这是一种公司进行自我批评的方式。华为鼓励员工提意见，有独立的想法，不能唯领导命令是从，要敢于说出自己的想法。

从华为的发展史可以看到，自 1996 年市场部集体大辞职开创自我批判的先河后，华为做过多次声势浩大的自我批判大会：

2000 年中研部将呆死料作为奖金、奖品发给研发骨干大会；

2007—2008 年值华为创立 20 年各体系举行的五次"奋斗表彰大会"；

2017 年 1 月的市场部大会，其主基调不是把酒论英雄，而是自我批判；

……

为了鼓励批判，华为专门建立了自己的心声社区，这个社区成为华为人给公司提意见、发泄情绪的平台。在这个社区，不仅华为人可以看到其中的内容，平台也对外开放，外部人也可以看到华为人的意见，只是不能参与讨论。

同样，在华为有一个特殊的部门，叫"蓝军参谋部"。该部门成立于 2006 年，隶属于公司战略 Marketing 体系。成立该部门的目的，就是要构筑组织的自我批判能力。而所谓"蓝军"，原指在军事模拟对抗演习中专门扮演假想敌的部队，通过模仿对手的作战特征与红军（代表正面部队）进行针对性的训练。华为的"蓝军"便与之类似。

而蓝军部也的确为华为的决策提供了正确的意见。例如，2008年，华为计划将子公司华为终端出售给贝恩资本，"蓝军"对这个决策进行分析和辩论时，发现了终端的重要性，阻止了华为出售终端业务。如今，华为终端成为全球排名前茅的手机厂商，证明了当年"蓝军"的意见是正确的。

按照任正非的解释，"蓝军想尽办法来否定红军"。任正非曾要求："要想升官，先到'蓝军'去，不把'红军'打败就不要升司令。'红军'的司令如果没有'蓝军'经历，也不要再提拔了。你都不知道如何打败华为，说明你已到天花板了。"

而要进行自我批判，组织要到位。华为的自我批判已经深植于企业文化中，体现在日常运作的方方面面，也成为华为不断提升公司能力的保证。华为人深知，不进行自我批判很容易陷入以自我为中心，背离华为的核心价值观，只有在自我批判下寻找新的出路，华为才能继续繁荣下去。

坚持自我批评，本质上是为了回到持续的变革上。为什么一些企业的变革成效不佳，就是因为缺乏批评与自我批评的坚持，这就没有持续改进的基因。持续的改进，要求自我审视流程以及企业自身的行为，持续提升企业的认知。变革就是认知的不断提升，并通过流程的改进持续提升。

研发成为产品线，IPD重量级团队的设立是企业最深刻、最广泛、最重要的变革。跨部门协同的文化、思想和制度在华为多个领域进行复制，在区域一线销售的铁三角、在 2C 的终端销售的 IPMS 流程就是在学习诺基亚 GTM（走向市场）流程的基础上，参考 IPD 的重量级团队运作优化出来的。所以，重量级团队运作机制已经成为华为各个领域运作的基本逻辑。这也是诸多企业争相学习，而最不容易学到的。

主要原因是各家企业忽略底层文化的适配，这个文化就是需要组织绩效的适配、个人绩效的适配、干部成长机制的适配、团队激励的适配。少了这些文化底层的适配，重量级团队和外围组就无法真正运转起来，因此变革也无法达成预期。

最强大的是文化，华为从 1998 年的 IPD 变革开始，能够不断攀越高峰，从无线业务登顶，到手机业务走上世界的高峰，再到踏足汽车产业取得突破，都是通过一场一场硬仗打出来的。而这种打胜仗的文化是华为最强大的力量。

同样，旗舰战法背后的底层逻辑也是文化。资源是会枯竭的，依靠资源驱动增长不可能持续，唯有文化生生不息。当旗舰战法适配了企业打胜仗的文化，并转化为真正的驱动力，就可以带领企业到达增长的巅峰。

参考文献

[1] 龙波 . 规则：用规则的确定性应对结果的不确定性 [M]. 北京：机械工业出版社 ,2021.

[2] 胡赛雄 . 华为增长法 [M]. 北京：中信出版社 ,2020.

[3] 黄卫伟 . 以客户为中心 [M]. 北京：中信出版社，2016.

[4] 迈克·波特 . 竞争战略 [M]. 北京：中信出版社，2014.

[5] 克莱顿·克里斯坦森 . 创新者的窘境 [M]. 北京：中信出版社，2020.

[6] 夏忠毅 . 从偶然到必然 [M]. 北京：清华大学出版社，2019.

[7] 林雪萍 . 质量简史 [M]. 上海：上海交通大学出版社，2022.

[8] 斯科特·克伯昆 . 创新的思考 [M]. 北京：中国广播影视出版社，2023.

[9] 威廉·爱德华兹·戴明 . 戴明的新经济观 [M]. 北京：机械工业出版社，2023.

[10] 克莱顿·克里斯坦森、迈克尔·雷纳 . 创新者的解答 [M]. 北京：中信出版社，2013.

[11] 黄卫伟 . 以客户为中心 [M]. 北京：中信出版社，2016.

[12] 雷·库兹韦尔 . 奇点临近 [M]. 北京：机械工业出版社，2015.

[13] IBM 全球企业咨询服务部 . 软性制造 [M]. 北京：东方出版社，2008.

[14] 艾·里斯、杰克·特劳特.定位 [M].北京：机械工业出版社，2017.

[15] 卡尔·斯特恩、迈克尔·戴姆勒.波士顿战略观点位 [M].北京：中国人民大学出版社，2009.

[16] 彭剑锋，蔡菁.IBM 变革之舞 [M].北京：机械工业出版社，2013.

[17] 董小英，晏梦灵，胡燕妮.华为启示录：从追赶到领先 [M].北京：北京大学出版社，2018.

[18] 彼得·德鲁克.创新与企业家精神 [M].北京：机械工业出版社，2019.

附录
乔诺咨询研发投资管理专家团队介绍

龙 波

乔诺咨询创始人

2013 年创立乔诺咨询，提出"成就下一个行业领导者"的愿景，并助力雅迪、方太、TCL、特步、理想汽车等企业实现逆势增长。

安 浩

乔诺咨询研发投资管理首席专家

23 年华为工作经验。历任千亿级产品线开发代表、PDT 经理、SPDT 经理、COO、投资管理部部长、TMT 核心成员、PMT 核心委员等关键岗位，具备丰富的研发团队管理、技术管理经验，有着近 10 年的产业链管理经验，对产业投资有深刻的理解。曾带领团队与某行业管理部门一起获得国家科学技术一等奖。

金世俊

乔诺咨询研发投资管理首席专家

21 年华为工作经验。历任华为某产品线硬件部总经理、某产品线 SPDT 经理、CTO 等岗位，华为 IPD 变革首期子模块项目经理。华为最高管理奖"蓝血十杰"奖获得者，曾带领业务团队荣获公司级最佳产品团队、最佳质量产品团队大奖。

刘 原

乔诺咨询研发投资管理首席专家

21 年华为工作经验。历任 PDT 经理、子产品线经营团队（SPDT）总经理、公司硬件平台部首席架构师、公司解决方案部 CTO、公司网络安全技术委员会主任 & 公司研发技术管理团队（ITMT）成员等关键职位，具有丰富的产品战略、产品规划和需求管理等 IPD 关键领域的实战经验。

常 实

乔诺咨询研发投资管理首席专家

20 多年从业经历，入职华为前曾担任过西门子等龙头企业的超大项目经理。

2005 年入职华为，13 年华为工作经验，历任南太地区部无线解决方案总工程师，两个发达国家的解决方案负责人。完整经历华为销服、研发和新业务孵化三大体系的"之"字形发展

张 默

乔诺咨询研发投资管理首席专家

1997 年入职华为，22 年华为经验，华为最高管理奖"蓝血十杰"获得者。

经历了从 2G 到 5G 二十多年的移动通信产品开发，作为华为千亿级产品线核心高管，管理近两万名技术研发团队，具备丰富的研发团队管理、技术管理等实战经验。

国家科学技术进步奖二等奖获奖团队核心成员。

许 乐

乔诺研发投资管理首席专家

19 年华为工作经验，华为产品管理任职资格最高级别——7 级产品管理专家，历任千亿级产品线系统工程师、开发代表、解决方案产品管理部长、解决方案与平台产品管理部长等关键职位，有丰富的 SP、BP、产品立项和需求管理等 IPD 关键领域的实战经验。

国家科学技术进步奖二等奖获奖团队成员。

胡 歌

乔诺咨询研发投资管理首席专家

2000 年入职华为，18 年华为工作经验。

历任华为终端质量管理部部长、CBG 质量体系与系统工程部部长、生命周期管理流程试点项目测试领域负责人，并参与 IPD 流程开发及培训课程开发。

在企业运营质量管理体系构建、产品质量管理、用户体验管理等消费品研发管理等领域具有丰富的实战经验。

熊宇鹏

乔诺咨询研发投资管理首席专家

1998 年入职华为，22 年华为工作经验。

华为产品管理 7 级专家，长期担任接入网产业规划工作，负责并主导制定华为接入网中长期战略规划、业务规划、产品与解决方案规划、竞争力专题规划、行业洞察、竞争分析、需求管理、商业设计等工作。

华为接入网首席发言人，曾是国内外顶级运营商 CXO 级高层对标发言人，具有多年国际会议发言经验。

明　晓

乔诺咨询研发投资管理首席专家

1997 年入职华为，23 年华为工作经验，华为最高管理奖"蓝血十杰"获得者。曾获得 CMMI 评估师、ASQ（美国质量工程师协会）质量工程师等质量领域关键资质证书。

华为流程、质量、变革资深专家，在研发质量管理体系建设与实践、质量改进管理、流程定义与改进、流程设计与优化、流程管理体系、变革项目管理等方面，具有丰富的实战经验。